BANQUET RÉFORMISTE

D'ANNEZIN-LEZ-BÉTHUNE,

(14 NOVEMBRE 1847.)

ARRAS :

Imp. et Lith. de Mᵐᵉ Vᵉ J. DEGEORGE,

rue du 29 Juillet.

1847.

BANQUET RÉFORMISTE

D'ANNEZIN-LEZ-BÉTHUNE.

La manifestation réformiste du Pas-de-Calais, a eu lieu, ainsi que nous l'avions annoncé, le dimanche 14, au château d'Annezin-lez-Béthune ; elle a été admirable.

Nous faisons taire les émotions puissantes que cette journée a laissées dans notre cœur, pour en être les historiens.

Dimanche, à 10 heures, la ville de Béthune était encombrée de voitures, 450 souscripteurs au banquet réformiste, arrivaient de tous les points du département et donnaient à la ville un aspect inaccoutumé, un mouvement, une vie incroyables.

Les arrondissements de Béthune, de St.-Omer et de St.-Pol, placés plus au centre, avaient fourni à la manifestation réformiste si impatiemment attendue par le Pas-de-Calais, le plus grand nombre de ses adhérens : l'arrondissement de Béthune avait à montrer qu'il n'était pas inféodé à un familier du pouvoir ; St Omer avait voulu protester contre les manœuvres déloyales qui, dans les dernières élections, lui ont imposé deux députés ministériels ; St-Pol enfin avait voulu montrer son attachement à son honorable député, le seul représentant de l'opposition dans notre magnifique département, si patriote cependant, si contraire à la politique inqualifiable du ministère Guizot.

A midi, M. Odilon Barrot, le président du banquet, arrivait de Douai, accompagné par MM. Piéron, député de St-Pol, et M. Beaumont (de la Somme), l'honorable député de Péronne *extra-muros*, M. Corne, ancien député de Cambrai, M. Boulanger, juge au tribunal de Valenciennes ; peut-être oublions-nous quelques noms.

A midi et demi, tous les convives, réunis sur la place de l'*Hôtel du Pas - de - Calais*, où était descendu M. Odilon Barrot, se mettaient en marche, guidés par l'un des commissaires, M. Calonne, notaire à Béthune, l'un des secrétaires de la commission du banquet réformiste, et ayant en tête MM. Odilon Barrot, Piéron, président de la commission du banquet, et quelques autres invités. A une heure , cet admirable cortége arrivait au château d'Annezin, après avoir franchi environ deux kilomètres, dans un ordre parfait, dans ce recueillement qui convient à des hommes libres, qui vont accomplir un grand fait, un manifestation qui doit servir à l'instruction politique du pays.

Trois commissaires et M. Barthier, propriétaire du château d'Annezin, attendaient les convives à la porte de celle magnifique demeure, construite sur les plans des châteaux du règne de Louis XIV, et que l'on croirait sortie des cartons de Mansard.

M. Barthier, dont nous ne saurions trop louer, la généreuse hospitalité, mit immédiatement, avec une grâce parfaite, son château à la disposition de M. Odilon Barrot et des convives qu'il présidait, et l'on entra immédiatement dans la cour d'honneur en admirant les beaux jardins et les vastes prairies plantées d'arbres superbes qui l'entourent de toutes parts. La fête commençait.

La commission du banquet avait fait construire une tente immense, pavoisées aux quatre angles et au sommet, des couleurs nationales. Malheureusement, le temps n'avait pas permis aux commissaires d'oser s'en servir. Ce fut là néanmoins, que se réunirent tous les convives ; au moment où il entrèrent sous la tente, l'orchestre joua la *Marseillaise.*

L'un des secrétaires de la commission fit l'appel des invités et de quelques convives, appelés par leur position comme représentans du conseil général du Pas-de-Calais, de l'armée, de l'agriculture, du commerce, de l'industrie, de la magistrature du barreau, des conseils d'arrondissemens et des conseils municipaux, à prendre place au banquet dans le *salon d'honneur.*

L'assemblée approuva, par ses applaudissemens, les choix des commissaires.

Après l'appel des invités, l'orchestre jouant le chant de *Charles VI,* les convives montèrent par deux magnifiques perrons, dans les salles du château, pavoisées de drapeaux tricolores, où les tables du banquet avaient été dressées.

Nous ne saurions rendre l'aspect animé, varié, pittoresque, de cette réunion de près de cinq cents personnes, installée dans huit salons contigus et reliés entre eux par un immense corridor : on y voyait des drapeaux tricolores, des inscriptions en l'honneur de la *réforme électorale et parlementaire,* des *députés indépendans.* Ici on lisait ces deux dates glorieuses : 1789-1830 ! Là, on flétrissait les *conservateurs bornes,* la majorité si déplorablement *satisfaite ;* l'*indemnité Pritchard,* la *corruption des électeurs vendus,* les *fruits de la grande politique.* Parmi les convives éclataient de toutes parts un enthousiasme inouï, tempéré par un admirable esprit d'ordre.

Le banquet commença ; le sort avait présidé à la distribution des salons, entre les divers arrondissemens. Dans le salon d'honneur, où cinquante-quatre couverts avaient été mis, on remarquait particulièrement messieurs Odilon-Barrot, président du banquet, Piéron député, président de la commission, Beaumont (de la Somme) député, Oscar Lafayette, député, Crémieux

député, David (d'Angers), l'illustre statuaire , Pagnerre, secré-
taire du comité central des électeurs de la seine, invités person-
nellement, Corne, ancien député, le baron Olivier , ancien député, Duméril, de St-Omer, représentant l'une des plus impor-
tantes industries du Pas-de-Calais, Boulanger, juge à Valenciennes,
P. Mahieu , représentant de l'agriculture ; le colonel du génie
Répécaud , commandeur de la Légion-d'Honneur , président de
l'académie d'Arras , le commandant Biolet, dont le nom est si
glorieusement attaché à la conspiration de Grenoble, représentans
de nos vieilles guerres de la république et de l'empire ; messieurs
Labelonye, Lecomte, représentants le comité central des électeurs de la seine ; M. Marchand , chirurgien-major en retraite,
vice-président à la commission ou banquet, les membres du
conseil général du Pas-de-Calais, messieurs Cornille , président du tribunal civil d'Arras, Mathieu, Billet, marquis d'Havrin-
court, Mahieu-Milon, Plichon médecin, membre du conseil municipal d'Arras , Leducq, batonnier de l'ordre des avocats d'Arras ; M. Coubronne de Lillers, vieillard de quatre-vingt-quatre
ans, qui se croyait encore aux beaux jours de 89 ; messieurs
Sarrans, rédacteur en chef de la *Semaine*, Degouve-Denuncque,
rédacteur en chef du *Journal de la Somme*, Delarre , rédacteur
en chef de l'*Eclaireur de St.-Omer*, Hennequin, de la *Démocratie pacifique*, Frédéric Degeorge, rédacteur en chef du
Progrès du Pas-de-Calais, Leleux, de l'*Echo du Nord*, y re-
présentaient la presse de Paris et la presse départementale; enfin
la garde nationale , qui comptait au banquet plus de soixante
officiers de tous grades , était représentée dans la salle d'honneur par quatre de ses chefs de bataillon d'Aire , d'Arras , de
St-Omer et de St-Pol.

Le banquet avait commencé ; M. Ayraud-Degeorge, rédacteur
en chef du *Progrès*, donna lecture de la pétition pour la *réforme électorale et parlementaire*, que chaque convive s'em-
pressa de signer.

Une quête fut faite au profit des pauvres, et l'assemblée dé-
cida, tout d'une voix, malgré l'honorable insistance des membres
de la commission appartenant à la ville de Béthune, que le produit en serait attribué aux seuls pauvres de la commune d'Annequ-
zin. Cette quête produisit 478 fr. ! Que la responsabilité de
ce fait retombe uniquement sur l'administration de la ville de
Béthune. Elle en avait été prévenue, et cette perspective de
pouvoir soulager quelques misères, ne l'a pas touchée ; elle a
montré un mauvais vouloir inouï. Non contente de son ridicule
arrêté, pris par le 2e adjoint, M. Durteste, qui défendait les
chants, les tambours et les trompettes, « *Attendu qu'une réunion qui paraît devoir avoir lieu le 14, pourrait être tu-
multueuse, parce qu'elle serait bruyante.* » Non contente
d'avoir fait enlever aux tambours de la garde nationale les cais-
ses dont ils ont toujours la libre disposition, elle avait refusé les
salons de la mairie, pour lieu d'assemblée de la réunion. Sur
l'interpellation d'un commissaire, M. l'adjoint avait dit : Je vais

en référer à M. le sous-préfet ; une heure après il les avait re-
fusés: M. le sous-préfet Lequien avait parlé, un officier municipal,
ce représentant d'un ville, s'était incliné devant sa volonté toute
puissante...

Du reste, le mot d'ordre était donné partout, et M. le commandant de place avait déclaré, la veille du banquet, aux com-
misaires, qu'il avait ordre de ne pas accorder de sentinelles,
pour le château d'Annezin. Cependant, le premier industriel
forain venu, en obtient quand il les demande ! Est-ce donc qu'on
aurait été bien aise d'avoir à réprimer un désordre. Cet espoir
a été trompé, le public et les convives réformistes ont déjoué
toutes les calomnies, toutes les coupables espérance que l'autorité avait pu concevoir.

Après le banquet, servi par MM. Flament, des hôtels du Pas-
de-Calais et du Lion-d'Or, une tribune fut dressée sous la tente
élevée dans la cour d'honneur, et les toasts commencèrent. Le
président de la commission du banquet appela successivement
ceux qui devaient les porter.

Les voici, dans l'ordre où ils furent prononcés :

M. E. Degouves Denuncques, rédacteur en chef du *Journal de la Somme*.

A LA SOUVERAINETÉ NATIONALE.

M. Degouve Denuncques : Messieurs, je porte un toast à la souveraineté nationale, et je suis certain qu'en vous proposant de saluer
tout d'abord ce grand principe qui résume toutes les vérités et toutes
les protestations que vous allez entendre, je réponds tout à la fois à
votre impatience et à vos convictions. (Adhésion).

Dans l'antiquité, à Rome, où se posent et se décident en ce moment
tant de questions, à l'honneur d'un illustre pontife, quand un guerrier
avait vaincu ses ennemis, quand il revenait en triomphateur demander à ses concitoyens la récompense du courage qu'il avait montré,
quand les couronnes se tressaient pour sa tête, quand mille voix procla-
maient à l'envi sa gloire, il avait auprès de lui un esclave chargé de
lui répéter incessamment : *«Souviens-toi que tu es un homme !»* (Sensation). On attachait cet esclave à ses pas pour l'empêcher de céder à
l'exaltation de l'orgueil et de croire que sa puissance était infinie. Et
les plus grands héros courbaient la tête devant cette voix qui leur rap-
pelait qu'il y avait une puissance supérieure à la leur ; que si élevés
qu'ils se crussent, ils pouvaient tomber ; que si fort que leur bras pût
être, il y avait un bras plus fort encore, celui du pays pour lequel ils
avaient combattu, qui applaudissait à la victoire, mais qui ne leur
donnait pas pour cela le droit de tout entreprendre et de tout oser.
(Très-bien, très-bien).

Nous, Messieurs, au triste temps où nous vivons, nous n'avons pas
comme à Rome de triomphateurs à honorer. (Rires et approbations.)
Vous connaissez, comme moi, les promesses de la paix à tout prix,
vous connaissez les merveilles de la grande politique, et vous savez
si la France a sujet de s'en orgueillir. (Oh non ! non.) Nous ne pouvons donc appliquer aux hommes qui nous gouvernent, puisque les
pompes triomphales semblent désormais proscrites, pour quelques
temps du moins, dans notre pays, les paroles de l'esclave romain ; mais,
lorsque nous nous réunissons pour nous entretenir de nos affaires,

pour nous demander ce qu'on a fait de nous depuis dix-sept ans, nous pouvons bien, jetant un regard sur le passé, nous étonner qu'on ait montré autant d'audace (applaudissemens), qu'on se soit laissé emporter aussi loin par l'orgueil du succès; et alors rappeler aux hommes qui paraissent l'avoir oublié, le principe en vertu duquel ils existent, le principe qui constitue la foi et la force de la France, qui lui donne confiance dans l'avenir et lui permet de croire que les plus glorieuses destinées démocratiques lui sont encore réservées. (Bravos.)

Qu'est-ce, en effet, que le principe de la souveraineté nationale, si ce n'est la base première de tous nos droits et de toutes nos libertés? Qu'est-il autre chose que le *memento qui a pulvis es* que l'église, à certain jour de l'année, adresse à ceux qui viennent chercher au pied des autels des leçons d'humilité? Et que veut-il dire si ce n'est ceci : « Ce que j'ai fait, moi peuple, je puis le défaire; ce que j'ai élevé je puis l'abaisser; la force que j'ai déléguée, je puis la reprendre car je suis souverain. (Applaudissemens prolongés.)

Donc, Messieurs, à la souveraineté nationale. (Oui, oui, à la souveraineté nationale.)

Mots terribles et magiques qui retentirent il y a dix-sept ans, comme ils avaient retenti en 89, quand la Bastille s'écroulait et au nom desquels on créa un ordre de choses nouveau! Paroles mémorables qui furent inscrites en tête d'une charte qui devait être désormais une vérité, et qui n'a été qu'un désolant mensonge. (Profonde sensation. — C'est vrai! c'est vrai!)

Le peuple est souverain, disait-on en 1830, lorsque le peuple tenait une couronne dans ses mains, lorsqu'il pouvait à son gré la briser pour toujours ou la placer sur une tête nouvelle. Et le peuple émerveillé des hommages dont il était l'objet, ne pouvant croire qu'on pût le tromper et le jouer à ce point, délégua sa souveraineté sans régler par avance les conditions auxquelles on l'exercerait en son nom, sans s'assurer qu'après avoir tant fait, tant sacrifié pour la conquérir, il n'en serait pas indignement spolié.

Le peuple est souverain, dit-on encore quelquefois. Belle souveraineté vraiment, et nous en avons la preuve à l'occasion de ce banquet. Le peuple est souverain, et il nous a fallu courir de ville en ville, frapper à la porte de toutes les municipalités pour obtenir la permission de nous réunir; et nulle porte ne s'est ouverte devant nous, et partout où nous avons demandé ce qui ne devrait plus se demander aujourd'hui, on nous a répondu : « Peuple souverain, moi maire, et qui tient mes pouvoirs du roi que tu as fait, (mouvement) je te défends de te réunir pour exprimer librement tes pensées et tes vœux; si bien que, sans la généreuse hospitalité qui nous a été offerte dans ce château, où retentirent sans doute jadis des paroles bien différentes des accents de liberté et d'égalité qui vont y retentir aujourd'hui, nous n'eussions pu joindre notre voix à celle de la France entière.

Nous sommes souverains, mais nous n'avons pas plus le droit de nous associer que de nous réunir. Nous sommes souverains, mais notre domicile peut-être violé à toute heure du jour ou de la nuit sous le plus frivole prétexte. Nous sommes souverains, mais notre liberté individuelle est à la merci du premier officier de police qui voudra s'en emparer.

Nous sommes souverains, mais quand nous demandons des droits politiques pour ceux de nos concitoyens que la loi en a injustement deshérités, on nous répond par cette triple et insolente négation : Rien, rien, rien. (Acclamations. — Bravos prolongés.)

Une voix: Notre union mettra un terme à cette situation.

M. Degouve Denuncques : France, glorieuse France de Juillet, toi qui pouvais être si grande et qu'on a faite si petite, comme si l'on eut voulu te rapetisser à son image, toi qui pouvais être si forte et si glorieuse et qui es aujourd'hui si faible et si dégradée, toi dont les institutions devaient être la consécration du principe de l'égalité des droits, voilà ce qu'est devenue ta souveraineté. Des fourbes et des imposteurs s'en sont emparés pour l'exploiter à leur profit, et au lieu des libertés qu'ils t'avaient promises et sur lesquelles tu comptais loyalement, ils t'ont imposé le privilége et le monopole; au lieu de la force d'expansion et de propagande qu'ils devaient te donner pour porter et répandre tes idées dans le monde, ils t'ont courbée sous le joug de leur volonté; ils ont soumis tes généreuses inspirations, tes nobles élans au caprice égoïste de leur intérêt; et ils osent dire, quand ils parlent de ce qu'ils ont fait, quand ils vantent leur œuvre contre-révolutionnaire, ils osent dire que tu es bien encore la France de Juillet. (Mouvement. — Très bien, très bien.)

Toutefois, messieurs, parce que l'esprit du mal l'a emporté momentanément sur l'esprit du bien, faut-il désespérer de l'avenir de notre patrie ? (Non, non.) Faut-il croire que la France a accepté pour toujours le joug honteux qu'elle porte en apparence avec résignation ? Non, messieurs, ne calomnions pas ainsi la France (bravo); elle a été souvent patiente, et vous en avez eu la preuve dans cette grande révolution de 89, qui a été précédée par tant de siècles d'oppression et de servitude, mais elle ne s'est jamais laissé pousser à bout. Il y a eu sans doute des jours de longanimité, mais il y a eu aussi des jours de justice, et ceux-là ne sont pas les moins glorieux de notre histoire (sensation. — Bravos unanimes.)

Ne nous décourageons donc pas, et montrons, pour conquérir ce qu'on nous conteste, la persistance et la résolution qu'un peuple qui veut être libre doit apporter dans tous ses actes et dans toutes ses manifestations. Je sais bien qu'il y a des hommes, et le nombre s'en accroît chaque jour sans que je m'en étonne, qui désespèrent de ramener le pouvoir dans la voie de ces institutions républicaines que nous promettaient en juillet les fondateurs d'une dynastie nouvelle; je sais bien que l'entêtement, avec lequel le sentiment public a sans cesse été méconnu depuis qu'on s'est cru assez fort pour compter avec lui, a détruit les illusions de plus d'un noble cœur; je sais bien qu'en présence des résistances du pouvoir à toute amélioration, à tout progrès, nous voyons s'accréditer de plus cette opinion, qu'en France une révolution est chose plus facile à faire qu'une réforme (mouvement). Malgré cela, Messieurs, ne refusons pas à ceux qui n'ont pas encore désespéré de triompher de l'aveuglement du pouvoir, à ceux qui ont conservé une dernière illusion, ne leur refusons pas une dernière expérience. Montrons, nous surtout, hommes de la presse qui marchons en avant comme les éclaireurs de la civilisation, montrons que nous ne demandons pas mieux que de voir le pays, si cela est encore possible (nouveau mouvement), se sauver et s'organiser démocratiquement par les voies légales.

Quelques lambeaux d'institutions nous restent, avec lesquels des esprits généreux et sincères, croient encore qu'ils reconquerront ce qu'on nous a enlevé et qu'ils obtiendront ce qu'on ne nous a pas donné; prêtons-nous à cette nouvelle épreuve; appelons à y prendre part tous ceux que l'amour du pays anime, sans leur demander dès aujourd'hui ces idées hardies et arrêtées qui font notre force à nous, hommes de principes et d'opposition avancée; acceptons toutes les transactions qui ne blessent pas, qui n'engagent pas notre foi politique; mettons de côté surtout, en toutes choses , ces prétentions personnelles qui ne peuvent qu'égarer. (Adhésion marquée.) Et lorsque nous aurons ainsi tout essayé, tout tenté, tout épuisé ; quand il sera bien démontré pour tout le monde que nos gouvernans se sont bouché les oreilles pour ne rien entendre , qu'ils ont fermé les yeux pour ne rien voir ; quand la France aura fait encore quelques pas de plus dans cette voie d'abaissement et de dégradation où on lui a fait faire tant de chemin depuis quelques années, oh ! alors nous n'en serons que plus forts pour lui rappeler qu'elle peut toujours disposer d'elle-même, (oui, oui,) et que si, sous le régime de notre loi civile, il y a des unions indissolubles , ce ne sont pas celles des gouvernans et des gouvernés. (Oui, oui, c'est la vérité.)

En attendant , messieurs , et pour nous trouver à la hauteur des circonstances, si elles doivent nous imposer un jour des devoirs plus difficiles et plus décisifs que ceux que nous remplissons en ce moment, fortifions-nous dans notre opposition , et préservons-nous de toute pensée de découragement, de tout désespoir funeste, en nous rappelant sans cesse que la France n'a pas en 1830 brisé un trône que l'étranger avait relevé, qu'elle n'a pas renouvelé sa constitution pour mettre à la place d'une charte octroyée par le souverain de droit divin, une charte imposée au chef de l'État, roi par la grâce du peuple, qu'elle ne s'est pas exposé à avoir encore une fois à lutter contre l'Europe du Nord coalisée, pour se voir contester le développement de ses institutions et pour s'entendre dire quand elle réclame ce développement, qu'elle possède la perfection du gouvernement représentatif. (Très-bien, très-bien.)

Avant de descendre de cette tribune , je vous adjure de saluer par une immense acclamation à ce toast que j'ai eu l'honneur de vous proposer, ce que je résume ainsi :

A la souveraineté nationale, comme point de départ de toutes les libertés, de tous les droits , de toutes les institutions démocratiques que la France demande et qu'elle obtiendra. (Triple salve d'applaudissements.)

M. CRÉMIEUX, avocat à la cour royale de Paris, député d'Indre-et-Loire :

A LA RÉFORME ÉLECTORALE ET PARLEMENTAIRE (bravos.)

Messieurs, je suis de ceux qui se sont donné, en entrant à la chambre, la mission honorable de ramener le gouvernement dans la bonne voie dont il s'est écarté depuis trop long-temps. Je suis de ceux qui pensent encore qu'il y a possibilité de s'unir (chuchottemens). Si c'est encore une illusion, nous l'aurons bientôt perdue.

De toutes parts : Oh ! oui, oui.

M. Crémieux : Les événemens se succèdent avec une immense rapidité, je le sais, mais tant que nous conserverons l'espoir de ramener le gouvernement de juillet à la vérité de nos institutions, nous y persisterons. Pour nous, il s'agit d'une lutte entre nous et les ministres : nous n'allons pas plus haut. (Mouvement).

Il y a à la tête des ministres un sophiste ambitieux (oui, oui, l'homme de Gand), qui a voulu pervertir toutes les idées neuves et dans la politique et dans la nationalité (c'est vrai, c'est vrai, très bien !) un sophiste qui s'est figuré que la nation qui a grandi pendant tant de siècles dans le monde par sa loyauté et son courage , qui s'est constamment signalée à l'estime des autres nations par sa générosité de cœur, par ce sublime dévouement qui fait qu'elle livre tout aux autres et ne retient rien pour elle (mouvement) ; qui s'est figuré, dis-je, que cette nation serait assez abjecte, assez corrompue pour se laisser entraîner à la suite d'un déplorable système qui sacrifie la dignité du pays et les libertés publiques (non, non, la nation résistera.)

Le système a causé bien des années de malheur, sans doute, mais qu'est-ce que quelques années dans la vie d'une nation ? c'est nous qui sommes malheureux, nous qui après avoir lutté 15 ans contre les mauvaises tendances de la Restauration, luttons encore depuis 17 ans contre les mauvaises tendances du gouvernement actuel; c'est nous, qui en sommes réduits à faire une guerre continuelle, persévérante à ce gouvernement de juillet que nous avons fondé et dont les maladroits serviteurs deviennent chaque jour plus audacieux et plus entreprenants; c'est nous, nous seuls, dis-je, qui sommes malheureux.

Ceux qui viendront après nous trouveront je l'espère, le terrain déblayé, nous travaillons pour cela (rires et bravos. — Très bien ! très bien !), et c'est à la réforme électorale et parlementaire que nous poursuivons, qu'il appartient de porter le coup décisif à ce funeste système (oui ! oui ! vive la réforme ! vivent les députés réformistes !)

En 1831, la chambre de 1830, cette chambre qui avait vu la grande révolution de juillet, sans en comprendre toute la portée, je ne crains pas de le dire, cette chambre qui avait fait une charte, proclamé un roi et brisé la pairie (mouvement), sans avoir encore aucun pouvoir de la nation, et qui s'était emparé de la direction de la révolution de juillet, sentit que l'autorité lui manquait, qu'elle ne pouvait pas rester longtemps dans une situation semblable et que la nation devait être appelée à nommer ses représentants, proposa la loi de 1831 et cette loi fut votée..... le plus rapidement possible (rire général) par une chambre incertaine et pressée d'en terminer et par une autre chambre qui ne savait encore comment elle vivrait et si elle vivrait à la session prochaine (nouveaux rires et bravos) ; aussi que voit-on ? orateur du gouvernement, rapporteur de la commission, ministres, tous s'accorder à dire que cette loi est provisoire et qu'on examinera plus tard ce qu'il conviendra de faire dans l'intérêt du pays.

Eh ! Messieurs, notre pays, c'est le meilleur de tous les pays (bravos) ; pour peu qu'on lui fasse des promesses il y croit ; et pour peu qu'on lui dise qu'on fera, il croit que l'on fait : il se paie de peu et adopte comme le bien lui-même la promesse qu'on lui fait de réaliser le bien. (Adhésion.)

Puis, quand il est bien enlacé dans le piège qu'il s'est tendu lui-même, on l'y retient et on lui dit tu n'auras plus rien. (Rire général, très bien, oui, c'est cela.)

Or, qu'était-ce que cette loi de 1831, sinon une de ces promesses dont je vous parlais. Vous savez ce qu'elle a produit ; on ne m'accusera pas de vouloir manquer de respect à la chambre, car ce serait me manquer de respect à moi-même, puisque je suis membre de la chambre (rires) ; permettez-moi donc de vous adresser cette question.

Comprenez-vous d'abord cette souveraineté nationale s'exerçant par deux cents mille individus sur trente-cinq millions que nous sommes en France. Si encore ces deux cents mille individus étaient groupés en grandes masses quand il s'agit de choisir un député ; sans doute ce ne serait pas le régime de la souveraineté nationale comme je le comprends, mais au moins ces grandes réunions, offriraient une garantie ; on serait sûr avec elles que l'élection est toujours honorable ; il est en effet, impossible de corrompre les masses, on corrompt les individus et non les masses, (bravos). Au lieu de cela que voyons-nous ? des colléges de 200 individus, pouvant-être réduits à 150, qui s'appellent fièrement les délégués de la souveraineté nationale, qui bien plus ont le droit de prendre leur résolution , alors qu'ils sont descendus aux deux tiers de leur nombre total plus un et par conséquent à la majorité de cinquante-un, peuvent envoyer un représentant à la chambre , (exclamations.) Voilà , cependant, messieurs , une des légères absurdités de cette loi de 1831.

Eh bien! ce que nous demandons c'est que les électeurs se réunissent en nombre considérable aux grands centres de population pour nommer les députés, afin que la représentation nationale soit autre chose qu'une exception. (Très bien! très bien!)

C'est tout ce que nous demandons pour le moment; sans doute, quand cela sera obtenu, nous ne croirons pas, je ne croirai pas pour mon compte avoir fait tous ce qui est à faire pour la réalisation complète du grand principe de la souveraineté nationale. (Non! non! certainement!) Nous sommes, là-dessus, peut être du même avis ; mais il faut toujours marcher avec le temps et les idées de son pays ; il faut marcher pour le guider et non point pour l'effrayer, (bravo! très bien!) car l'effroi, qu'on lui inspire en voulant aller trop vite est la mort de toute idée, de toute politique généreuse. (Applaudissements.)

Et qu'on ne me dise pas que le français n'est pas peureux ; oh , sans doute s'il s'agissait de défendre la patrie nous partirions tous et sans crainte ; (vive adhésion. — Oui, oui.) mais nous ressemblons un peu à ce brave soldat de l'ancienne monarchie, qui passant sous les murs de Lille récemment assiégée disait : Je n'y monterais pas aujourd'hui pour je ne sais quoi.—je le crois bien car il n'y avait plus de coups de fusil à gagner. (Rires d'adhésion).

Nous sommes les descendants de braves soldats, nous sommes aussi les descendants de leurs fils, ces héroïques conscrits de la république qui sans chaussures, sans habits, ayant à peine les vêtemens indispensables allaient en avant et purgeaient le pays de l'invasion de ces hordes impies qui voulaient le partager, et furent obligés de fuir avec la peur qu'ils avaient voulu nous inspirer ; nous sommes encore les frères et les descendants des conscrits de l'empire qui ont, avec Napoléon, porté le drapeau national dans toutes les capitales du monde (mouvement) ; le courage qu'ils avaient vous l'avez toujours eu et vous l'aurez toujours. (Oui, oui, applaudissements.)

Mais ce courage n'est pas le plus difficile, ni le plus important ; le courage le plus difficile le plus important, c'est le courage civil. Et savez-vous en quoi il consiste ce courage, il ne consiste pas à savoir susciter, entretenir de vaines querelles, mais à savoir se faire des concessions réciproques d'opinion à opinion : il consiste dans une déclaration unanime que, là où on ne s'entend pas entre individus, il faut se réunir pour délibérer et s'entendre en commun.

Voilà ce que l'opposition qui lutte depuis tant d'années pour obtenir la mise en pratique des conquêtes de Juillet ne cesse de faire depuis dix-sept ans avec une infatigable persévérance. En juillet, sous le souffle du peuple, une dynastie s'efface ; il s'agissait de tout reconstruire ; toutes les opinions s'agitaient, chacun voulait faire prévaloir la sienne, la chambre proclama le gouvernement actuel. Le gouvernement s'est établi et aujourd'hui il ne trouve plus bonne cette charte à laquelle chacun, lui comme nous, avait prêté serment de fidélité. (Rumeurs diverses).

Vous nous tenez pour d'honnêtes gens et ce serment que nous avons prêté vous ne voudriez pas que nous y manquassions.

Plusieurs voix : Oui, oui, c'est vrai.

M. Crémieux : Mais c'est un serment synallagmatique, nous le tiendrons tant qu'on le tiendra. (Salve d'applaudissements. — Oui,

oui, très bien, c'est cela.)

Eh bien ! consentez à un dernier effort, et permettez-nous de continuer ce que nous avons fait jusqu'ici, soutenus par tous les sentimens honnêtes du pays : ou nous réussissons et que demander de plus, ou nous succomberons... et alors comme alors ! (Vifs applaudissemens — interruption.)

Voilà mes principes et je pense pouvoir dire qu'ils sont ceux de mes amis.

Savez-vous quels sont ceux du gouvernement : tous les grands et nobles sentimens qui palpitent au cœur de la France, tout ce qu'il y a d'élans sublimes, on veut l'effacer sous la glace des intérêts matériels (très bien, très bien, — sensation).

On a dit à la tribune : Enrichissez-vous.

Une voix : Oui, oui, et c'est un ministre.

M. Crémieux : Et savez-vous ce qui est arrivé à la suite de ce conseil, c'est que lorsqu'un ancien ministre a déclaré que le pouvoir était dans des mains avides et corrompues, on l'a cru. (Profonde sensation).

Et savez-vous pourquoi tout le monde l'a cru, c'est que quand on dit aux autres enrichissez-vous, comme la richesse consiste à avoir la plus belle situation possible en ce monde et que chacun quel qu'il soit aspire à avoir la meilleure situation, le conseil qu'on donne aux autres on se le donne en même temps à soi-même et le ministre qui dit aux députés enrichissez-vous, se dit à lui-même enrichissons-nous, (rire général, — Oui, oui, très bien, c'est cela.)

Mais un ministre ne peut pas s'enrichir avec le traitement que lui donne l'Etat ; c'est ce qui fait que lorsqu'on a dit : le pouvoir est dans des mains avides et corrompues, tout le monde l'a cru.

Voilà pourquoi, messieurs, nous comptons sur vous, sur vos sympathies en compensations des dégoûts dont nous sommes abreuvés, oui croyez-le notre rôle de députés de l'opposition n'est pas agréable (rires d'adhésions. — Oh non, non.)

Une voix : Mais il prouve votre dévouement. (Approbation.)

M. Crémieux : Non, il n'est pas agréable, il s'en faut de beaucoup. Mais ce qui fait notre joie le voici, c'est l'unanimité des sentimens dont vous nous entourez ; ce que l'opposition aime mieux que les faveurs du pouvoir, c'est notre faveur ; celle-là, nous ne l'achetons pas, vous ne la vendez pas, vous nous la donnez du fond de l'âme, (oui, oui,) et c'est ce qui nous la rend si précieuse, (applaudissemens.)

Les sentiments que vous avez pour nous, vous les avez surtout pour l'homme qui marche à la tête de l'opposition, pour cet homme qu'on abreuve journellement de calomnies et qui y répond en disant: Ce que je suis aujourd'hui je l'étais hier, je le serai demain. (Applaudissement général. — Oui, oui, vive Barrot.)

Voici maintenant pourquoi nous voulons la réforme électorale : en ce que la pensée que le pouvoir est concentré dans les mains de deux cent mille électeurs parqués comme ils le sont, cette pensée nous inquiète et nous effraie, surtout quand nous songeons au grand nombre de ceux contre qui elle constitue un monopole et qui pourrait vouloir le briser. (Mouvement.)

Je ne suis pas de ceux qui flattent le peuple et disent que tout ce qu'il veut doit être fait ; mais je crois qu'il faut se garder de ces distinctions de classes, qu'il faut les écarter de notre loi électorale. Eh, Messieurs, où trouvons nous formellement inscrit le mot de classe, dans les plus mauvaises de toutes nos lois, dans les lois de septembre. Pour moi, il n'y a plus de classe parmi nous et je voudrais bien qu'on

pu me dire où le peuple commence et où le peuple finit. (Applaudise-
ments.)

Oh, avant la révolution de 1789, il y avait des classes; il y avait
une aristocratie territoriale qui formait une noblesse, qui pesait sur
le peuple, un clergé richement renté et au dessous de cette noblesse
et de ces prêtres au-dessus duquel était la royauté, le peuple, le tiers-
état, abaissé et méprisé bon tout au plus pour donner son argent et
pour répandre son sang. (Rires ironiques.)

Mais depuis 89, où sont les nobles je le demande.

Une voix : Partout et nulle part.

Une autre voix : Nous le sommes tous.

M. Crémieux, et où est le clergé? depuis cette nuit mémorable du
4 août, où la noblesse cédant à un admirable entraînement vient dé-
poser tous ses titres sur l'autel de la patrie; depuis que le clergé, ces-
sant d'être propriétaire, reçoit de l'Etat un traitement à l'aide duquel
il se maintient au milieu de nous, il n'y a plus de noblesse, il n'y a
plus de clergé, il n'y a plus de classe dans notre société, il n'y a que
le peuple. (Très bien, très bien, bravos.)

Le peuple, mais il est partout? mais nous sommes tous du peuple
aujourd'hui? que faut-il donc pour être du peuple? la noblesse de
sentiments? mais prenez ce que vous appelez les classes inférieures, les
classes les plus infimes et demandez-vous s'il n'y a pas là autant de
noblesse de sentiments que dans tout autre classe de citoyens. On a
parlé de distinction entre la bourgeoisie et le peuple ; on a dit que le
peuple était sacrifié, exploité par cette bourgeoisie ; mais hier encore,
que faisait-elle cette bourgeoisie, qu'on sépare du peuple? mais cette
dernière année de misère, lorsque la patrie était si rudement éprouvée,
ne s'élevait-elle pas tout entière pour venir en aide à ses frères et vo-
tait spontanément les plus grands sacrifices pour soulager sa misère.
Vous parlez des travailleurs ; vous dites que les travailleurs ont droit
d'être mieux traités par la bourgeoisie / mais ces travailleurs n'est-ce
pas tout le monde, et quand je suis dans mon cabinet dès 5 heures du
matin, est-ce que je ne suis pas un travailleur, un travailleur laborieux,
tout autant que le laboureur qui cultive sa terre. (Bravos, bravos.) Ne
faites donc pas de ces distinctions mensongères, de ces divisions de
notre nouvelle société en prétendues classes qui n'existent plus. Il
n'y a parmi nous, ni peuple, ni bourgeois. Il n'y a que des plus riches
et y a des pauvres ; mais cette inégalité, prétendez-vous jamais la dé-
truire ? non sans doute, elle est dans la nature même des choses, elle
est inhérente à toute organisation sociale, et quoique vous fassiez, vous
ne parviendrez jamais à l'effacer. (Vive adhésion.)

Laissons donc, une bonne fois tous ces mots de peuple, de nobles,
de bourgeois, et ne voyons dans notre France qu'une grande nation
bien unie, bien compacte, dont tous les enfans petits et grands, riches
et pauvres travaillent à l'envie à lui conquérir la sympathie de toutes
les autres nations. (Très bien, très bien, bravos.)

Le gouvernement qui tend à rétablir directement ou indirectement
ces destructions à jamais effacées est un mauvais gouvernement. Ce
n'est pas le gouvernement de la nation, c'est le gouvernement d'un
parti. Les gouvernements de cette espèce n'ont qu'un moyen de se
soutenir, ils comprennent que si tous les autres partis s'unissaient
contre eux, ils ne pourraient pas leur résister, alors que font-ils? ils es-
saient de diviser la nation. Quand donc on veut en avoir raison, une
chose suffit c'est de bien s'unir et de lui montrer qu'on est bien uni ;
cela me ramène à la réforme.

La réforme, dans notre pensée, n'est pas un but, c'est un moyen.

Pourquoi la veux-je pour mon compte? Parce qu'elle donnera aux députés qui partagent nos opinions plus de force, parceque, grace aux auxiliaires qu'elle leur enverra, ils pourront, sans craindre de voir leur proposition repoussée par cette majorité, à laquelle on ne veut pas laisser proclamer qu'elle est corrompue, pour réclamer d'autres réformes, soit l'abolition de ces lois de septembre, qui enlèvent la presse à son seul juge légitime, le pays, pour la renvoyer tantôt devant la cour des pairs, tantôt devant les tribunaux de police correctionnelle, vous savez par quel subterfuge. (Très bien, très bien.)

Certes, c'est là la plus grave atteinte qui put être portée à l'article 69 de la Charte, à cet article 69 qu'on n'a pas introduit inconsidérément dans la Charte, et qui fut accordé à l'Hôtel-de-Ville comme une garantie.

Nous voulons demander aussi la liberté pour tous de se réunir sans avoir à solliciter des autorisations qui sont si souvent et si injustement refusées. (Bravos, bravos.) Mais pour obtenir tout cela, il faut que vous changiez la composition de la chambre; il faut que vous nous fassiez en un mot un oreiller plus paisible, car nous ne dormons pas toutes les nuits (rire d'adhésion). Nous comptons sur vous. Vous n'oublierez pas que pendant que je vous parle ici, on est occupé ailleurs, à renverser les règles de la moralité de notre pays. Nous ne voudrions pas que ces détestables efforts aboutissent à leurs conséquences logiques et funestes. Mais où vous arrêterez-vous? que ferez-vous? Vous n'irez pas plus loin que nous ne voulons aller nous-mêmes; prenez bien cette résolution; restez avec nous et soyez convaincus qu'à la fin les grands intérêts dont nous avons pris la défense prévaudront. (Oui, oui, bravo, bravos. — Vive M. Crémieux! — Triple salve d'applaudissements.)

Voilà quelle est le sens et la vertu du toast que j'ai l'honneur de porter à la réforme électorale et parlementaire. (Bravos unanimes et prolongés.)

Puissent ces applaudissemens faire arriver jusqu'au pouvoir l'utile enseignement qu'il doit puiser dans nos assemblées et ne pas écouter les avis de ceux qui lui conseillent de suivre une autre voie que celle que nous lui indiquons et s'arrêter sur le penchant de l'abyme vers lequel on l'entraîne. (Profonde sensation, — applaudissemens prolongés, — cris répétés de : vive M. Crémieux.)

M. E. LENGLET, avocat, membre du conseil municipal d'Arras.

AUX DÉPUTÉS DE L'OPPOSITION.

Nous leur devons à tous reconnaissance pour l'œuvre que depuis plusieurs mois nous les voyons accomplir sous nos yeux avec tant de dévouement. (Oui, oui.)

En présence de la déplorable situation que la corruption a faite à la France, tous les députés intelligents, et animés d'un amour sincère du pays, ont compris qu'il fallait faire trève aux querelles de parti : que quelque chose de plus précieux qu'une forme de gouvernement, était mis en question : la moralité publique, et alors ils se sont réunis sous le drapeau de la réforme électorale, et ont entrepris la grande œuvre de l'agitation légale.

La réforme électorale résultera-t-elle immédiatement de cette agitation? à voir la manière dont nos députés centriers envisagent leur mandat, il paraît difficile de les convertir; pour eux, être député, c'est avoir une propriété fructueuse, quelque chose comme une grasse métairie dont on partage les produits avec ses électeurs.... Voilà le point de vue de ces messieurs. Comment voulez-vous qu'avec des idées aussi élevées, ils votent la réforme qui peut menacer leur élection, c'est à-dire leurs bénéfices ! Ces messieurs sont trop conservateurs pour cela ! (C'est vrai, bravos.)

Mais s'il n'y a rein à espérer quant à présent, croi-t-on que tant d'admirables prédications qui ont traversé toute la France, qui ont flétri avec de si vives couleurs l'infamie de l'acheteur de consciences et la dégradation du vendeur, n'auront pas laissé partout une trace lumineuse de leur passage. En douter, ce serait douter de la providence car ce serait douter de la puissance de la raison et de la vérité !

Honneur donc aux députés de l'opposition qui ont eu le pat. iotisme d'entreprendre l'œuvre de l'agitation légale, et assez de courage et de persévérance pour l'accomplir au milieu des injures et des calomnies. (Applaudissements.)

M. Oscar Lafayette, capitaine d'artillerie, député de Meaux répond au toast porté par M. E. Lenglet. Au moment où le petit-fils du général Lafayette paraît à la tribune de longs et chaleureux applandissements éclatent de tous les points de la salle.

M. Oscar Lafayette : Je ne m'attendais pas, messieurs, à l'honneur difficile qui m'est déféré, à moi, le dernier venu des députés de l'opposition. Cet honneur ne m'appartient pas, je le suis, il remonte plus haut et il me rappelle un souvenir qui, sans cesse présent à ma pensée, contribuera constamment à resserrer de plus en plus les liens qui m'unissent à l'opposition. (Très bien, très bien, bravo).

Messieurs, les députés de l'opposition ne cesseront jamais de se rappeler les sentiments communs qui doivent les unir désormais à vous et à la cause de la réforme, à quelque nuance qu'ils appartiennent. Quoiqu'on fasse pour les dégoûter, ils ne se laisseront pas décourager et quand ils rentreront à la chambre, ils pourront protester contre ce reproche d'indifférence aux grands intérêts nationaux, que l'on ne cesse d'adresser au pays, du haut de la tribune.

On nous demande souvent du haut de cette tribune, ce que nous voulons recommencer... Ce que nous voulons recommencer? Ah, ce ne sont pas les scènes déplorables des dernières élections. (bravos, bravos. — Applaudissemens). Ce que nous voulons recommencer? Ah, ce n'est pas le trop fameux vote des *satisfaits*. (Explosion de bravos. — Très-bien, très-bien);

Ce que nous voulons recommencer ? Ah, ce n'est pas l'indemnité Pritchard (Oh, non, non, c'est assez d'une fois). Ce n'est pas non plus le traité sur le droit de visite et ce n'est pas enfin et surtout ce beau tour de force d'une déplorable politique, qui a si bien réussi en Espagne. (Vive approbation).

Ce que nous voulons, nous, c'est une politique digne de la France, une politique digne de celle que nous a léguée la Révolution française (oui, c'est vrai, bravo.) ; et alors le drapeau de la France au lieu d'aller intimider l'Italie, l'Italie qui ne demande rien à ses voisins, qui ne veut devoir qu'à elle-même sa liberté, alors le drapeau de la France viendra encourager l'Italie, lui permettra d'arracher son indépendance et de déchirer ces traités, qui sont une honte pour nous mêmes. (Applaudissemens prolongés.)

Mais pour accomplir cette œuvre, messieurs, les députés de l'opposition ont besoin de votre concours, de votre confiance. (*De toutes parts :* Vous l'avez, vous l'avez.) M. O. *Lafayette*, et la preuve, que cette confiance réciproque que nous nous accordons, nous la méritons, c'est que vous nous appelez à ces réunions que craignent nos adversaires. (Vifs applaudissements.

M. Ayraud-Degeorge, rédacteur en chef du *Progrès :*

A L'UNION DE TOUTES LES NUANCES DE L'OPPOSITION.

Messieurs, il est un toast devenu presque inutile, après les énergiques paroles que viennent de prononcer MM. Crémieux et Degouve Denuncques, en portant un toast, l'un à la souveraineté nationale, l'autre à la réforme *électorale et parlementaire !* Ce toast, c'est celui *A l'union de toutes les oppositions.* (Bravo ! Très bien !)

Et cependant, messieurs, je viens le porter encore, mais d'une manière plus explicite.

« Oui, à *l'union*, à la *fusion* de toutes *les oppositions nationales ;* à l'union de toutes les oppositions qui reconnaissent pour dogme, qui posent pour principe à leur politique de présent et d'avenir, la *souveraineté nationale.* (Très bien, très bien.)

C'est un toast qui appartient à toutes les oppositions, quelques soient leurs nuances, pourvu qu'elles aient le même but : l'honneur et la gloire de la France. (Bravos.)

A l'union de toutes les oppositions, car en face de l'ennemi commun, on ne doit pas discuter, il faut combattre. (Très bien.)

L'ennemi commun, maintenant, quel est - il ? Oh, vous l'avez déjà nommé, il est inutile de vous le désigner ; cet ennemi, c'est... le gouvernement. (Mouvement, oui, oui.)

Oui, c'est le gouvernement, car c'est lui, ainsi que le déclarait et le signait naguère un député, que vous regrettez de n'avoir pas parmi vous, le député d'Amiens *intra-muros*, M. Creton, c'est ce gouvernement « *qui ruine et déshonore la France.* » (Sensation prolongée. — Oui, oui, bravos !)

En présence d'une pareille situation, il faut l'union de toutes les oppositions. Il faut enfin que la probité triomphe de la corruption ; il faut que le patriotisme écrase cette lâcheté, qui va mendier dans les chancelleries de l'Europe, un regard, qu'on lui jette parfois avec dédain, et qu'elle ramasse... parce qu'il faut bien qu'elle ramasse quelque chose. (Rires et approbations.) Que toutes les oppositions nationales soient confédérées ; n'ayons qu'une bannière et inscrivons-y ces deux mots que tout homme de cœur accepte : Honneur et Patrie (très bien.)

Oui, il faut une opposition unanime, car vous savez ce que l'union a produit pour nos pères.

Unis, aux jours glorieux de 89, nos pères se sentirent assez de courage et d'énergie au cœur, pour se ruer sur cette tyrannie brutale et corrompue, qui les avait broyés, pendant des siècles, sous son joug de fer, empruntant même au christianisme, qu'elle vint des nobles ou des prêtres, des moyens d'oppression. (Très bien.)

Unis, nos pères, allèrent retrouver sous les débris de la Bastille, les titres du peuple français, à sa propre souveraineté. Unis, ils renversèrent cette forteresse féodale, symbole parfait de la tyrannie, dont chaque pierre gardait l'empreinte d'une larme, dont chaque cachot gardait le souvenir de mille agonies. Larmes saintes, sublimes agonies, qui parlèrent si haut auprès de l'éternelle puissance, qu'aujourd'hui, messieurs, sur les débris de la Bastille, jetés au vent, s'élève une colonne consacrée à la révolution. (Sensation prolongée. — Bravos.)

Unis, nos pères assignèrent rendez-vous à la royauté, sur les limites de la constitution qu'elle avait jurée. La trouvant infidèle à ses sermens, ils brisèrent son trône, et du même coup donnèrent à l'humanité cette admirable formule de l'avenir : Liberté, égalité, fraternité. (Très-bien, très-bien.)

Si je rappelle ces triomphe éclatans de la liberté sur la tyrannie, des esclaves, nos pères, messieurs, sur leurs maîtres féodaux, est-ce pour raviver des haines qu'il faut éteindre (non, non), pour exciter à des vengeances stupides, contre des institutions à jamais détruites, contre des hommes à jamais privés de la puissance dont ils abusèrent si cruellement? Est-ce pour cela? Non, messieurs, car ce passé que j'évoque, doit être pour nous une nouvelle cause d'union : l'esclave émancipé ne doit pas maudire son maître ; il doit le plaindre, au contraire, d'avoir dénié si long-temps à ses frères en Dieu, les droits imprescriptibles que Dieu leur avait donnés. (C'est vrai, c'est vrai, très bien).

Du reste, à quoi nous serviraient ces haines, à présent, de qui voudrions-nous nous venger? des prêtres, des nobles? Enfants de la révolution, nous les avons vaincus (sensation), et aujourd'hui, comme nous, ils sont citoyens français. (Bravos.)

Mais, messieurs, chaque tableau a son ombre, chaque médaille a son revers.

Je viens de vous montrer ce que l'union a produit pour nos pères. Eh bien, dites, n'avons-nous eu alors à enregistrer que des jours de joie et de bonheur, pour la France devenue libre, pour l'humanité émancipée par nous? (Attention profonde). Hélas, non. Il y a, ne l'oublions pas, il y a dans nos annales révolutionnaires, ces états civils où sont inscrits nos titres et nos droits de citoyens, il y a des faits terribles, des noms funèbres, devant lesquels la foule s'arrête épouvantée, soit qu'elle ne les comprenne pas, soit qu'elle les juge avec ses sentimens, ou même au point de vue de ces intérêts ; ces faits, les hommes qui les accomplirent, le philosophe les analyse et ne se prononce pas : l'historien les juge, les maudit ou les absout ; nous, messieurs, ne tenant compte que du résultat, sans nous occuper de leurs mobiles particuliers, des motifs secrets de leurs amitiés, de leurs haines, disons : Ils ont sauvé de l'invasion le sol trois fois saint de la patrie. (Bravo, bravo.)

Mais aussi, messieurs, en parlant ainsi, n'oublions pas de regretter que l'union la plus parfaite n'ait pas régné alors entre tous les hommes qui voulaient sincèrement, courageusement, la liberté, l'émancipation de l'humanité. Aucun nuage n'obscurcirait aujourd'hui le soleil révolutionnaire, et la démocratie ne poursuivrait pas, au milieu de tant d'obstacles, l'application de ses principes. (Adhésion.)

Et maintenant, messieurs, s'il fallait une preuve de plus, pour vous convaincre de la nécessité, de l'urgence fatale, si je puis ainsi parler, de l'union que mes vœux appellent parmi nous, je la trouverais dans cette cohésion de toutes les forces nationales, dont le produit fut cette magnifique épopée, qui s'appela l'empire.

Il y a ici des hommes qui pourraient vous en parler ; j'en connais trois au moins. (Plusieurs voix : Biolet, le commandant Biolet.) Demandez-le donc à ces hommes, vieux débris de nos phalanges, qui parcoururent l'Europe au pas de charge, en chantant les airs de la patrie, jusqu'à ce qu'ils eussent planté le drapeau de la France sur tous les palais des rois. (Bravos, très bien.) Ils vous diront que l'on n'entendait alors qu'un seul bruit dans le monde : c'était le bruit que faisaient les soldats de la France, marchant à des splendeurs inconnues, à des gloires inouïes, qui firent pâlir les gloires et les splendeurs de Charlemagne et de Louis XIV. (Applaudissements.)

Voilà en effet ce qu'ils ont fait, ce qu'ils ont vu, parce qu'ils étaient unis. — Unis contre la liberté, disons-le, car il ne faut rien flatter, pas même la gloire la plus haute. (Très bien.)

Mais cette union cessa, les partis reparurent et alors,..... je m'arrête, messieurs, car ceux qui profitèrent de nos désastres, disent aujourd'hui qu'ils défendraient le sol de la France, si l'invasion le menaçait encore. (Très bien, très bien.)

J'aime mieux me souvenir d'une date glorieuse, qui brillait tout à l'heure dans l'une des salles de notre banquet ; j'aime mieux me souvenir de 1830. (Bravo, bravo.) J'aime mieux dire comment la nation trahie, trompée dans ses espérances, se reconstitua, libre et fière ; on lui avait volé sa liberté ; elle voulut la ravoir ; on la lui refusa ; elle la prit. (Bravos, bravos.) Une fois encore le peuple s'arma ; son sang généreux coula sur les dalles du Louvre et des Tuileries, partout. Il mourut noble et grand, et le lendemain de son triomphe, si chèrement acheté, nous n'étions pas désunis, non ; d'un côté, il y avait une famille illustre et malheureuse, qui allait expier dans l'exil des projets insensés ; de l'autre, il y avait, non des vaincus et des vainqueurs, mais seulement des vainqueurs, tous les enfants de la nation, qui se conviaient réciproquement au banquet de la liberté. (Bravo, bravo.) Une fois enfin, la liberté qui s'enfantait autrefois dans les larmes, était enfantée dans l'amour. (Applaudissemens.)

Vous savez ce qui arriva bientôt : Une partie des vainqueurs s'empara du pouvoir à son profit ; le gouvernement...

Une voix : Les ministres.

M. Ayraud-Degeorge : Eh , certainement ; nous sommes dans la constitution. (On rit.) Le gouvernement, dis-je, trahit tous ses serments, manqua à tous ses devoirs, entra sournoisement dans les voies contre-révolutionnaires, érigea la corruption en système et se fit un dernier argument de l'achat cinyque des consciences. (Très bien, très bien.)

Eh bien, je vous le demande, est-ce qu'il est possible qu'il en soit encore longtemps ainsi? Est-ce qu'il est possible que la France, appelée autrefois la terre des chevaliers, soit aujourd'hui la terre des valets de l'Europe, (Sensation,) est-ce possible, dites ? (Non, non.)

Non sans doute, je suis de votre avis, cela n'est pas possible. Mais alors, il faut que les dissensions cessent, que tous les hommes de cœur s'unissent dans une pensée commune, et qu'ils présentent au pouvoir un irrésistible faisceau d'opinions. (approbation.)

Mais croyez-vous que je vous dise de déteindre votre drapeau ou de le mettre dans votre poche? non. Un homme libre ou qui veut l'être, dit hautement à quel parti il appartient. Il plante son drapeau en face de tous. Je vous prêche d'exemple : moi, je suis radical. (Mouvement.)

Mais vous voulez tenter un dernier effort, soit : unissons-nous donc, vous qui croyez encore, nous qui cessons de croire. Car telle est la seule différence entre nous. (Sensation).

Ne l'oublions pas, que personne ne l'oublie, le peuple n'a pas encore donné sa démission ; il peut revenir sur la place publique....

Une voix : Il y reviendra.

M. Ayraud-Degeorge : Faisons en sorte qu'il n'y revienne pas. Mais il peut y revenir défaire ce qu'il a fait (Sensation); il peut y revenir dire : vous voulez le gouvernement personnel? moi je veux le gouvernement du pays par le pays ; je puis toujours porter la main sur les couronnes que je donne, les briser, en jeter encore les débris aux flots de Cherbourg. (Bravo, bravo).

Messieurs, voilà pourquoi j'ai porté un toast à l'union de toutes les oppositions nationales. (Oui, oui, bravo).

Supposons, c'est une simple hypothèse, que le pouvoir veuille bien s'arrêter dans la voie ré rograde qu'il suit avec tant d'aveuglement....

Plusieurs voix : Il ne s'arrêtera pas.

M. Ayraud : C'est mon opinion, aussi vous ai-je dit que c'était une simple hypothèse ; mais supposons, dis-je, qu'il veuille bien faire remonter la France au rang qui lui convient ; eh bien, tant mieux. Les individus ne sont rien, le pays est tout ; nous avons un système politique auquel nous tenons, il ne triomphera pas, c'est vrai, mais qu'importe! ce que nous voulons avant tout, c'est le bonheur du pays. (Très bien, très bien.) C'est là ce que doit vouloir un vrai pa triote. (Oui, oui, très bien.)

Il faut du courage, nous en aurons ; unissons-nous donc, formons une ligue, celle-là pourra s'appeler véritablement la *ligue du bien public*. — S'il faut combattre jusqu'au bout, eh bien, Dieu nous viendra en aide. (Applaudissements.)

M. H. CORNE, président du tribunal de 1ʳᵉ instance de Douai, ancien député du Nord :

AU PROGRÈS DES MŒURS POLITIQUES.

Organiser, développer, purifier la vie politique, voilà notre tâche et notre honneur, à nous (oui, oui.)

La liberté, messieurs, elle a comme toute chose, ses sim ulacres et ses réalités ; un peuple n'est pas libre, parce qu'on lui permettra de lire quelques mots pompeux inscrits au frontispice de ses institutions ; un peuple n'est pas libre parce qu'il lui sera permis de parler de constitution, d'élections, de s'agiter parfois autour d'un scrutin électoral. Qu'importent de vaines formes, quand la mort est au fond ? La liberté vraie, vivante, principe de régénération pour les peuples, celle qui enfante les grandes choses, dont les résultats sont chers à l'humanité, c'est ce souffle divin qui pénètre les âmes, qui les échauffe d'une ardeur électrique, qui rapproche, qui associe les citoyens dans le sentiment commun de leur dignité, de leurs devoirs et de leurs droits, dans un sentiment de respect pour le pacte social, d'énergie pour la réforme des mauvaises lois, de dégoût pour de honteuses pratiques de gouvernement, de puissance, quand il le faut, pour abattre la violence et confondre la fraude (très bien, très bien.)

La liberté, MM., la liberté digne et féconde, elle est ici, au milieu de nous, elle se plaît à nos fêtes, à ce vaste concours de citoyens, à cette fusion, à cette communion de cœurs honnêtes et également inspirés par l'amour du pays. Oui, MM., quand vous vous réunissez ainsi de tous les points de ce grand département pour mettre en commun vos pensées, vos vœux, vos espérances, toutes vos inspirations de patriotes, toutes vos forces morales, quand vous unissez vos voix pour n'en faire qu'une voix imposante qui réclame haut et fort la sincérité, la pureté du gouvernement représentatif et la grandeur de la France, croyez-le bien, vous entrez largement dans les mœurs de la liberté, vous vivez vraiment de la vie politique ; vous donnez comme il appartient à l'énergie disciplinée de bons citoyens, vous donnez à réfléchir sérieusement aux hommes du pouvoir qui ont si tristement sacrifié aux intérêts les plus étroits la grandeur du rôle moral et politique que 1830 nous avait marqué (approbation).

Gardons nous, Messieurs, des doctrines qui, confondant les temps et les pays, prétendraient emprisonner la France d'aujourd'hui, la France démocratique dans les vieilles traditions de la vie bourgeoise et privée. La vie privée dispose mal les caractères aux devoirs politiques. Le foyer domestique abrite mal le patriotisme ; l'isolement des citoyens, c'est la négation des mœurs d'un peuple libre ; c'est pour l'honnêteté politique de chacun une redoutable occasion de péril.

3

Où se passent elles en effet toutes ces indignes transactions dans lesquelles la conscience se marchande, où l'intérêt public est livré, comme un objet de commerce, contre un bon prix ? C'est loin des regards de tous, loin des centres où s'échauffent et s'épurent les sentimens politiques; c'est dans l'isolement des citoyens que se débattent ces honteux marchés ; c'est là que tout devient appat et récompense pour la vénalité, tout, même ce qui est le patrimoine commun, même ce qui ne peut se livrer sans forfaiture, même des promesses de faveur là où la faveur est un crime, des promesses de faveur même en matière de recrutement militaire... promesses sacrilèges ! (bravos, bravos.)

Oui, toute cette corruption a horreur du grand jour et de la place publique. C'est avec mystère, c'est au fond de chaque demeure que glissent les apôtres de la vénalité et de l'apostasie, c'est là qu'ils vont surprendre le citoyen isolé, faible, sans défense en tête-à-tête avec ses besoins, ses instincts, ses convoitises, ses vanités individuelles ou de famille ; c'est là qu'ils le tentent par toutes les séductions, exploitant et profanant pour acheter une voix jusqu'aux sentimens les plus honorables, jusqu'aux affections de la paternité ; de sorte que non-seulement la fortune de l'Etat, votre fortune à tous, le fruit de vos épargnes, la substance du peuple, mais la morale publique elle-même, mais la sainte justice, sont la monnaie de ces détestables prostitutions (oui, oui, — applaudissemens.)

Au reste, ces hommes du pouvoir qui n'ont pas craint de faire ces indignes mœurs à leur pays, et qui mettent toute leur habileté à ne conduire l'humanité que par services, ces hommes rendent justice à nos manifestations. Ils les maudissent et ils les détestent. C'est qu'ils en comprennent bien la portée, ils voient venir le moment où tous leurs prestiges et leurs roueries échoueront devant une société politique formée à des mœurs plus hautes et plus sévères. Ils savent qu'ils auront affaire alors, non plus à des hommes tenus à l'écart les uns des autres, rétrécis par les calculs égoïstes, énervés dans les habitudes molles de la vie intérieure, qu'on intimide aisément, qu'on peut aisément corrompre et acheter en détail, mais à des citoyens qui auront respiré le grand air de la vie politique, dilaté leurs poitrines, nourri leur âme de fortes pensées de nationalité et de bien public, appris par le contact et la praque des hommes, à mépriser la bassesse, à respecter et honorer au fond de leur conscience le désintéressement et le dévouement civiques, partout où ils se rencontrent, ils savent qu'ils les trouveront, ces citoyens, sur le terrain des luttes électorales, plus fermes parce qu'ils s'appuieront les uns sur les autres, plus honnêtes et plus fiers parce qu'ils se seront habitués à penser, à sentir en commun, à agir au grand jour sous le contrôle des regards et de la conscience de tous. (Assentiment unanime.)

Messieurs, en bon citoyen, il n'est pas de prospérité ni de grandeur que je ne souhaite à mon pays ; mais mon vœu le plus ardent, je l'avoue, c'est de lui voir et des hommes et des mœurs tels que je viens de les esquisser, à la hauteur des devoirs si difficiles de la vie politique ouverte désormais devant nous. A cette condition, mais à cette condition seulement, toute réforme, tous progrès, toute conquête dans les idées et les institutions seront vrais, profonds et indestructibles. (C'est vrai, c'est vrai.)

Permettez, Messieurs, qu'en terminant je paie un juste tribut d'hommages à ceux qui se sont honorés par une constance à toute épreuve, et dont l'exemple tend à relever les mœurs politiques du pays.

Sous l'influence énervante d'un pouvoir qui corrompt les cœurs pour avoir bon marché des convictions, nous avons eu la douleur de voir, même dans ce beau département, bien des convictions fléchir et s'abaisser et des contrées renommées par la vigueur de leur patriotisme, décheoir du noble rang qu'elles occupaient et passer, la rougeur au front, sous le joug ministériel. Vous n'avez subi ni ce malheur, ni cet affront, généreux électeurs de l'arrondissement de St-Pol. Le souffle de la corruption, les menaces de l'intimidation ont passé sur vous, mais sans altérer votre honnêteté politique, sans ébranler un instant vos courages.

Vous avez conservé intacte votre empreinte; elle est bonne, c'est l'empreinte de cette vieille fermeté artésienne célèbre dans nos contrées. (Applaudissemens.)

Aussi, dans la lice électorale vous vous êtes montrés de robustes athlètes. Tout a succombé autour de vous, seul, votre bataillon sacré n'a point été entamé. Vous avez serré les rangs autour de votre député, choisi à votre image, symbole de votre patriotisme et de votre loyauté. Honneur à vous ! oui', et tout le Pas-de-Calais qui brûle de prendre sa revanche et de vous imiter répète avec moi : honneur aux électeurs de l'arrondissement de St-Pol ! (Applaudissements et bravos unanimes et prolongés.)

MM., cet ensemble de manifestations qui se succèdent sur tous les points de la France, cet empressement de nos populations même les plus paisibles à venir dans ces solennités participer aux mœurs de la vie politique, donner libre carrière à leurs plaintes, à leurs protestations, à leurs vœux pour la réforme. Tout cela révèle au fond de notre société des besoins nouveaux, tout cela fait naître de graves pensées.

MM., dans le grand mouvement qui emporte les nations vers un meilleur avenir, chaque génération a sa part de labeur et de gloire. Nos pères ont réuni de grandes idées, livré de terribles combats, conquis d'impérissables principes. Ils nous ont légué le soin d'affermir et de couronner leur ouvrage. Nos pères au milieu des orages ont fondé la liberté ; nous, dans des temps paisibles, nous sommes appelés à en créer les mœurs (très bien.)

M. LAMBERT, notaire ; membre du conseil municipal de St-Pol, répond au nom des électeurs de l'arrondissement de St-Pol, au toast que vient de leur porter M. Corne.

Messieurs,

On m'a fait l'honneur de me désigner pour répondre au toast qui vient d'être porté aux électeurs de l'arrondissement de St-Pol ; beaucoup d'autres en étaient plus dignes que moi; aussi, craignant de ne pas rendre la pensée des électeurs qui votent avec nous, j'ai demandé les conseils de mes amis et la réponse que je dois avoir l'honneur de vous soumettre leur appartient comme à moi; si vous la blâmez j'en accepte seul la responsabilité ; mais si comme je l'espère vous y trouvez l'expression de quelques sentiments généreux, votre suffrage flatteur s'adressera plutôt à eux qu'à moi.

Messieurs,

Les électeurs de l'arrondissement de St-Pol se sentent dignes de l'honneur que vous leur faites par le toast qui leur est porté ; ils vous remercient de l'éloge que le précédent orateur a fait de leur patriotisme ; ils en sont heureux et fiers.

Oui, Messieurs, l'arrondissement de St-Pol s'est distingué dans le

Pas-de-Calais pour sa fermeté dans ses convictions politiques, par sa persévérance dans les principes de l'honneur et de l'indépendance nationale, par sa noble obstination dans la poursuite des avantages populaires, en faveur desquels s'est organisée la grande manifestation qui vous rassemble. (Très bien.)

La majorité des électeurs St-Polois, n'a jamais fait défaut à l'œuvre de la liberté ; elle n'a jamais compromis l'intérêt commun par le soin des intérêts privés ; la contagion de l'égoïsme, la corruption n'ont point éclairci ses rangs, elle est restée pure et sans tache, et cette incorruptibilité si nationale, si française, s'est personnifiée dans notre incorruptible représentant, dont la droiture et la loyauté établissent entre lui et nous cette solidarité intime et puissante, qui fait de nos sentiments et de nos pensées un tout indivisible ; honneur donc à notre représentant que tous les partis sont forcés d'estimer. (Applaudissements.)

Les manœuvres de toutes sortes n'ont cessé cependant d'être employées dans ce département ; mais notre foi dans la bonté de la cause que nous défendons, n'a pu être entamée. Plût au ciel que la même énergie dans la résistance aux immoralités électorales eut été déployée dans les autres arrondissements.

Maintenant l'opinion publique a fait justice de toutes les caresses, de toutes les faveurs, de toutes les promesses, de tous les passe-droits prodigués aux électeurs, et une grande déception, c'est-à-dire une grande banqueroute, a montré à la foule des solliciteurs vendus, la confiance qu'il faut avoir dans la loyauté de ceux qui n'emploient leur puissance et leur position qu'à vicier la signification des votes et par là à altérer la représentation nationale. (Adhésion.)

Cette tactique, par l'abâtardissement des caractères, veut arriver au despotisme, car quel peut être le gouvernement des hommes dont le cœur ne palpite plus au nom de la patrie et ne s'ouvre qu'aux séductions des intérêts personnels, si ce n'est le despotisme ? (Oui, oui.)

Voyez autour de vous, on a répandu déjà comme une inquiétude universelle ; administrateurs et administrés sont sous l'empire d'une sorte de terreur ; on n'ose plus dire son opinion, on ne l'écrit plus qu'avec des signes destinés à la faire reconnaire dans le scrutin ; les citoyens probes et sincères sont devenus suspects ; la conscience politique n'est respectée nulle part ; le parlement n'obéit plus qu'à la crainte ou à des influences de tout genre, et la liberté s'en va. (C'est vrai.)

La vérité ne peut se faire jour sans être immédiatement dénaturée, lorsqu'elle n'est pas poursuivie comme rebelle ; enfin on égare le sentiment public en confondant à dessein, par un machiavélisme éhonté, les représentations constitutionnelles de l'opposition dynastique avec les excitations de théories gouvernementales, en dehors de notre constitution monarchique. (Mouvemens divers.)

Messieurs, on calomnie nos idées, pour avoir occasion de les repousser, et l'on ment au pays pour le subjuguer par l'hypocrisie.

Croyez-vous que le système, qui nous dirige et que je sépare soigneusement de la royauté inviolable, ne viendra pas bientôt, après avoir restauré les vieux principes du pouvoir absolu, reconstruite le régne de la faveur et du bon plaisir, nous redemander des dotations qu'une majorité *satisfaite* accueillera si vous n'y prenez garde ?

Tous ces maux ont leur remède sans doute, mais ce remède est surtout dans la réforme électorale et parlementaire, et pour arriver à ce noble but, qui agite en ce moment la France entière, il n'est pas trop que du concours et du courage de tous les bons citoyens.

Nous adjurons les électeurs des arrondissements du Pas-de-Calais ici présents, de former entre eux, une sainte alliance de patriotes, pour obtenir du gouvernement, ce qu'il n'a pas le droit de nous refuser, la réforme d'une institution viciée. Nous les adjurons encore d'employer tous leurs efforts pour reconquérir tout le terrain perdu dans les dernières élections, et pour, autant qu'il est en eux, redonner au département et à la France sa représentation légitime.

A l'union des électeurs patriotes du Pas-de-Calais et au succès de leurs efforts ; s'ils le veulent l'avenir est à eux. (Bravos.)

La nuit était venue, et cependant, les convives ne voulurent pas se séparer sans avoir entendu les illustres orateurs qui restaient à parler. Aussi, la tribune fut transportée dans les salons, et les discours suivants furent prononcés.

M. ODILON BARROT, député de l'Aisnes, a la parole :

M. O.-Barrot : Messieurs et chers concitoyens du Pas-de-Calais, vous me témoignez tant de bienveillance que, malgré l'épuisement de mes forces, je me hazarde à vous apporter quelques paroles qui s'adressent à vos consciences et à votre bon sens. (Chut ! chut ! écoutez ! écoutez ! — Vive M. O.-Barrot !) Lorsque je réfléchis sur les événemens de notre histoire, je ne puis m'empêcher de penser que si des déviations déplorables ont eu lieu dans ce pays, il faut en chercher la cause unique dans l'abstention des hommes timides et indifférents. (Adhésions unanimes.)

Ce n'est pas à vous que peut s'adresser, MM., ce reproche, ce n'est pas à vous qui êtes toujours prêts à combattre pour le triomphe de vos opinions, à vous qui possédez la pratique de la liberté, à vous, enfin, hommes courageux, dignes d'appartenir à une grande nation. (Mouvement.)

Non ! ce n'est pas à vous que je m'adresse, c'est à cette masse inerte, que rien ne peut arracher, soit à la peur, soit aux préoccupations de ses intérêts individuels, à cette masse, enfin, qni se dit sage, parceque son égoïsme laisse tout faire. (Vive approbation. — Très bien, très bien.)

En effet, messieurs, c'est une faible minorité qui pousse le gouvernement dans la voie où il est engagé, et cette minorité n'arrive aux succès qu'elle obtient que par l'indifférence de la masse. (Oui, oui, c'est vrai !)

Il y avait une loi dans l'antiquité, loi éminemment politique et sociale, qui condamnait tout citoyen à embrasser publiquement une opinion, un parti ; c'est à cette condition, messieurs, que la liberté est possible dans un pays (vive adhésion) ; c'est à cette condition que la minorité fait d'impuissantes entreprises, c'est à cette condition seule, qu'on peut arriver au gouvernement de l'opinion publique, au gouvernement du pays par le pays. (Très bien, très bien.)

Et rappelez-vous qu'au lendemain de la révolution de juillet on se demandait où sont les carlistes ? La veille on ne voyait qu'eux, ils remplissaient la France ; le lendemain on les cherchait (mouvement.) C'est que grace à cette masse inerte qui se tient à l'écart, qui sanctionne tout, qui laisse tout faire, les plus infimes minorités arrivent à paraître seules dans le pays, à paraître seules agir. (Oui, oui, c'est cela, c'est vrai.)

Messieurs, que résulte-t-il de là ? c'est que le mal fait des progrès incessants, c'est qu'il n'y a plus de lutte qu'entre les passions qui veulent renverser et les passions qui exploitent le gouvernement (sensation) ; et la lutte s'envenime jusqu'à ce qu'enfin on en arrive à une catastrophe ; et il résulte de cet égoïsme que la nation n'intervient jamais dans les affaires du gouvernement que pour le briser. (Nouveau mouvement. — Très bien, très bien.)

Jusque là, elle reste inerte, silencieuse, et à ce point que l'année dernière un ministre a pu dire que le pays était indifférent à la politique du gouvernement, et il aurait pu ajouter qu'il en était le complice, car le silence d'une nation qui a le droit de parler, est de la complicité. (Vifs mouvements. — Applaudissements prolongés).

Faites donc acte de patriotisme, acte de véritables conservateurs en intervenant près du pouvoir : ayez le courage de proclamer votre opinion et de pousser vers le gouvernement un avertissement solennel qu'il peut méconnaître lorsqu'il part de voix isolées, mais qui lorsqu'il vient de tout un peuple, dompte toutes les résistances. (Applaudissements. — Oui, oui.)

Eh, Messieurs, qu'attendent-ils, ces hommes égoïstes, pour faire entendre un avertissement ? Le mal peut-il encore s'aggraver ? Sur quelle intervention miraculeuse comptent-ils donc pour y remédier. Oh ! que ces hommes nous répondent et qu'ils disent s'il est possible de méconnaître que le mal est profond dans notre société. (Oui ! oui!)

Dès le moment que dans l'élection le choix tombe toujours sur celui qui rapporte le plus, il n'y a plus d'élections, il n'y a plus de gouvernement représentatif, aux intérêts d'une grande nation se substituent les intérêts individuels. On n'a plus le souvenir de l'opinion., on n'a plus que le souvenir des égoïsmes satisfaits. (Sensation. — Nombreux applaudissements.)

Eh bien ! voyez les faits.

Comment la France est-elle représentée ? par la chambre ; et quelle est la position de la chambre? un contrôle, un contrôle sérieux, et jamais une chambre n'aura trop de pouvoirs pour surveiller les actes du gouvernement, car c'est la condition du gouvernement de vouloir toujours étendre son autorité ; c'est le cours naturel de la raison humaine. Si on avait des anges pour gouverner les peuples, on n'aurait pas les lois du gouvernement représentatif, mais on n'a que des hommes, et les hommes sont toujours les mêmes, même pour le gouvernement représentatif. (Rires et adhésion.)

Dira-t-on que le droit électoral est absolu et que chacun peut en user et en abuser à son goût : Ce serait, messieurs, l'argument le plus irrésistible pour le sufrage universel. Si en effet le droit électoral peutêtre considéré comme une propriété, pourquoi tous les individus dans le pays ne posséderaient-ils pas le même droit ; il n'y aurait pas de motif logique pour ne pas admettre tous les citoyens à l'exercice de ce droit.

Mais il n'en est pas ainsi : toute la loi électorale est fondée sur cette fiction constitutionnelle, que l'électeur reçoit une délégation de la nation au nom et aux droits de ses concitoyens ; mais ce droit n'est pas sa propriété, pas plus que le droit accordé au jury de prononcer sur le sort de ses concitoyens, ne constitue une propriété en sa faveur. La délégation de la puissance est un droit accordé à l'électeur, c'est un devoir qui lui est imposé, et non pas une propriété qu'il peut sacrifier, subordonner aux plus vifs intérêts ; (applaudissements. — Très bien, très bien.)

Si on pervertit ainsi le droit électoral ; qu'arrive-t-il ? C'est que la chambre manque entièrement à sa mission, elle ne peut exercer de contrôls sérieux ; le mal s'aggrave bien davantage si ce sont des fonctionnaires qui remplissent la chambre; et cependant leur nombre s'y accroît constamment et il y a une raison pour cela, c'est que le fonctionnaire qui entre à la chambre franchit sa carrière d'un bon. (Bravo, bravo, oui, c'est vrai.)

Quand on signale le mal qui compromet la sincérité de nos institutions, savez-vous ce que répond le ministère ? Il répond que c'est un
mal passager, qu'il y aura une réaction dans nos mœurs ; eh, voyez
comme cette réaction s'opère, il y a aujourd'hui 200 fonctionnaires
dans la chambre ; (mouvement) ils y forment déjà la majorité ; faut-
il donc attendre qu'il y ait 300 fonctionnaires à la chambre, qu'il n'y
ait que des fonctionnaires. (Non, non.)

Et savez-vous ce qui résulte de cette situation ; on veut absorber la
chambre et voici ce qu'on fait ; on je veux pas multiplier les exemples,
cela n'est pas nécessaire. Quelques remarques, suffiront : on choi-
sit donc un député fonctionnaire et lorsque ce député veut conserver
son indépendance, en évitant cependant de prendre part à la discus-
sion, afin d'écarter toutes susceptibilités, et qu'il se lève pour maintenir son opinion à l'instant même on brise sa carrière, une carrière à laquelle il avait consacré sa vie. (Mouvement).

Une voix : Oui ! c'est ce qu'on a fait pour M. Drouyn de l'Huis !

M. O. Barrot : Et on s'étonne qu'après de pareils actes, les dépu-
tés-fonctionnaires qui veulent conserver leur indépendance, pensent
qu'ils ne peuvent plus rester avec honneur, avec indépendance dans
cette chambre où l'on frappe ainsi l'expression d'une opinion libre.

Il y a une autre inconséquence quand un contrôle parlementaire
s'exerce si étrangement. Le budget, tout le monde en convient, demande à être réduit aux strictes nécessités publiques ; eh bien ! au
contraire, il va croissant. C'est que la chambre devrait tout simplifier,
elle ne devrait pas souffrir de dépenses inutiles et il en serait ainsi si
elle représentait plus complètement la nation, si les fonctionnaires dont
on ne peut attendre un contrôle sérieux de l'administration, étaient
écartés de la chambre. Mais les deux cents députés fonctionnaires, loin
de vouloir simplifier la marche administrative, provoquent les complications, les difficultés ; ils n'en trouvent jamais assez et il arrive que le
gouvernement de juillet, ce gouvernement à bon marché (rires ironiques), sans se préoccuper des intérêts du pays, le gouvernement de
juillet, dis-je, depuis dix-sept ans, a surchargé le budget de la création
de trente mille nouveaux fonctionnaires. (Mouvement prolongé.)

Voilà, messieurs, comme tout s'enchaîne ; voilà comment le système
qui introduit les fonctionnaires dans la chambre, dénature et pousse le
gouvernement représentatif. (Adhésions unanimes, oui, vive la réforme).

C'est, malheureusement là, le tableau vrai, exact de notre situation
(oui, oui,), les conservateurs eux-mêmes en ont reconnu la vérité.
Cependant la chambre approuve tout et en face des actes du ministère, elle se déclare *satisfaite*. (Mouvement. — Applaudissements.)

Si maintenant nous examinons la politique extérieure, la politique
suivie à l'égard des peuples et des gouvernements étrangers, que
voyons-nous ?

Dois-je dire comment le gouvernement de juillet, fondé après un,
révolution nationale qui était une réaction contre les hontes de 1815s
comment le gouvernement dans toutes les complications survenue,
avec tous les gouvernements absolus, leur a toujours tendu la maine
s'est toujours efforcé de leur complaire ! (Mouvement.)

Une voix : C'est une honte pour lui.

M. O. Barrot : Oui, c'est une honte pour lui ! c'est un crime, car
la France, il faut le dire à sa gloire, la France doit être à la tête des
nations ou elle cesse d'être : En effet, le principe qui fait sa force, se
fonde sur les sympathies des peuples, sur son influence sur l'avenir

de la civilisation et si elle renonce à ce grand rôle, elle n'existe plus. (Oui, oui. C'est vrai. — Applaudissements).

Au moment où je parle, messieurs, le sang coule chez un peuple voisin; la guerre civile y est allumée, et je ne connais pas de plus grand crime que d'allumer la guerre civile dans un pays, que d'armer les citoyens contre les citoyens ; ah! je déteste, je le déclare, la guerre civile dans les pays étrangers comme dans mon pays, et c'est pour cela que je repousse avec énergie et les distinctions funestes qu'on voudrait établir chez nous entre la bourgeoisie et les travailleurs, distinctions injustes, fausses, qui n'ont d'autre résultats que de semer entre les citoyens de déplorables dissentimens; quoiqu'il en soit, disais-je, la guerre civile a éclaté en Snisse, un grave conflit la divise : Eh bien ! d'un côté se trouve cette portion de la Suisse qui a avec nous les liens les plus intimes ; elle est voisine de la France, son langage est semblable au notre, de longs sentimens d'amitié nous unissent à elle, toutes les sympathies de la France enfin sont pour elle.

D'un autre côté, au contraire, se trouvent des traditions, des intérêts qui se rattachent intimement aux traditions, aux intérêts qui nous sont hostiles. Vous croyez que le gouvernement de la France s'abstiendra au moins, s'il ne prend parti pour la portion de la Suisse qu'appuyent nos sympathies; c'est à cette résolution que l'entraine le sentiment national et c'est précisément une raison pour qu'il se porte du côté opposé. (Mouvement).

Bien plus l'Autriche appuie un de ces partis, celui dont les sentimens nous sont hostiles ; et notre gouvernement est bien loin de faire appel à l'Autriche, de lui dire si vous vous mêlez des affaires de la Suisse nous nous en mêlerons également ; empêchons par nos efforts communs et par notre conciliation le conflit de s'aggraver, nous le désirons; mais si vous intervenez, nous interviendrons.

Voilà le langage que la France eut dû tenir. (Oui, oui, c'est vrai.)

Au lieu de cela que fait le gouvernement, il se met en hostilité avec notre allié naturel. C'est agir contre les véritables principes de notre politique ; je ne connais pas les faits, mais s'il est vrai, que n'ayant pas le courage d'une attaque publique, notre gouvernement ait, dans l'ombre, envoyé des armes pour seconder la guerre civile, je n'ose rien affirmer, mais si une pareille action avait été commis, ah, je le déclare ce serait un grand crime. (Vive adhésion).

Il était peut-être permis au gouvernement d'entrer dans une fausse politique, d'intervenir en Suisse contre l'intérêt du pays, mais au grand jour, avec dignité : mais se cacher dans l'ombre pour commettre une semblable action, n'est pas seulement un crime politique, c'est une honte, il n'est pas permis de compromettre l'honneur du pays dans de semblables entreprises (Sensation. — Bravos, bravos).

On nous fait un reproche à l'étranger, Messieurs, d'être trop encyclopédistes, de traiter tout à propos de tout : eh bien concentrons nos forces sur un point unique sur le terrain de la réforme électorale. (Oui, oui, vive la réforme).

Que tous les partis se réunissent sur ce terrain de la réforme et demandent le rappel d'une loi vicieuse. (Oui, oui, très bien.)

Ainsi vous vous plaignez de la corruption, vous vous plaignez de cet énorme budget de 1500 millions qui pèse sur le pays, vous vous plaignez du déficit toujours croissant : vous vous plaignez de cela et si une pareille politique persistait, le dissentiment entre le gouvernement et le peuple deviendrait irréparable. (Mouvement.)

Mais ne vous bornez pas là, ne vous bornez pas à exhaler vos plaintes dans l'intimité du foyer domestique; c'est une inconséquence, qui tient à ce que ce pays n'a pas d'assez fermes convictions : c'est un devoir pour tous de se réunir, de venir se joindre a ces manifestations. (Oui, oui, c'est vrai.)

Proclamez donc avec courage, hautement, vos convictions; ce devoir est tracé, il doit être compris, on y doit persévérer. (Applaudissements et adhésion générale.)

La France semble en comprendre l'importance ; les mœurs publiques se forment dans ces réunions ou le gouvernement voit la sédition, la révolution.

La révolution, mais quand un ministre déclarait que le pays était indifférent, qu'il resterait sourd aux appels de l'opposition, par cela même il reconnaissait notre droit et aujourd'hui en se plaignant de nos réunions, il oublie que c'est lui qui les a provoquées, et vous, vous maintiendrez l'exercice de ce droit, que le pouvoir lui-même, nous a reconnu. (Oui, oui, très bien. — Vive la réforme.)

Repoussons cette singulière et misérable situation qu'on voudrait nous faire. Si nous nous taisons, on dit que le pays est indifférent, nous encourageons les fautes ; et si nous nous réunissons on crie à la révolution. En vérité c'est là un cercle vicieux sur lequel il n'est pas nécessaire d'insister.

Je n'en dirai pas davantage.

Je vous ai apporté, messieurs, le témoignage de mon estime pour le courage avec lequel vous voulez maintenir l'honneur de nos institutions ; je n'ajouterai qu'un mot : nous avons pris ici le solennel engagement de défendre la cause de la réforme en foulant aux pieds les petits intérêts, les considérations égoïstes : soyez fidèles à cet engagement, défendez la cause de la vérité, de la dignité de nos institutions, la cause de la liberté dans le cercle de votre action ; dans vos arrondissements, dans votre département, partout, enfin, où vous pourrez la défendre. (Oui, oui, vive la réforme, vive O. Barrot.)

En parlant comme je viens de le faire, ce n'est pas, au surplus, à vous que j'ai voulu parler, c'est surtout à ceux qui en dehors de cette enceinte, en dehors de vous, voient le mal et n'ont pas le courage d'y porter remède.

Messieurs, quand dans une ville un incendie se déclare, on appelle au secours en criant : au feu ! au feu ! et quiconque n'est pas un lâche court au danger. Eh bien, pour arrêter le fléau de la corruption qui nous envahit, agissons ainsi. Pour entraîner les timides ou les indifférens, crions aussi : à la corruption, à la corruption ! (Sensation générale, — explosion de bravos, — oui, oui, très bien, c'est cela.)

Les applaudissemens et les acclamations de l'assemblée se prolongent longtemps encore après que l'illustre orateur a cessé de parler, au milieu des cris : honneur aux députés réformistes, honneur à O. Barrot, vive la réforme !

M. DUMOUTIER, docteur médecin, membre du conseil municipal d'Aire.

A LA PRESSE INDÉPENDANTE ET AU COMITÉ ÉLECTORAL DES ÉLECTEURS DE L'OPPOSITION DU DÉPARTEMENT DE LA SEINE.

Messieurs, l'absence de l'orateur qui devait développer ce toast, m'appelle à cette tribune. Oui, à la presse indépendante, c'est la première garantie de la liberté ; je dirai même que sans elle toutes les autres sont illusoires. A l'illustre publiciste, M. Sarrans, que nous avons l'honneur de posséder dans cette assemblée. (Applaudissements pour M. Sarrans.)

Au comité central de Paris, qui le premier a donné le signal avec la presse, des manifestations auxquelles nous avons le bonheur d'assister aujourd'hui. (Applaudissements.)

M. B. SARRANS, rédacteur en chef de la *Semaine*, a la parole pour répondre au toast à la presse indépendante.

Messieurs,

Mon ami, l'honorable M. Crémieux vous disait tout à l'heure qu'il est de ceux qui espèrent encore. Moi, Messieurs, je suis de ceux qui n'espèrent presque plus. Comme lui j'ai foi dans le principe de nos institutions ; mais je l'avoue, je n'ai pas foi dans les principes de ceux à qui la garde et le développement en sont confiés. Ils m'inspirent au contraire la plus profonde méfiance ; (à nous aussi) et je me dis, en les voyant à l'œuvre : il ne suffit pas que la liberté soit écrite dans des textes, il faut qu'elle soit dans les mœurs, qu'elle soit partout et que partout on la pratique. Hors de là la liberté n'est qu'un mensonge, un fait précaire, indécis, transitoire, qui ne satisfait pas, mais qui trompe le droit national. (Assentiment.)

Quel vent a donc soufflé sur notre pays, pour qu'il soit encore nécessaire d'y discuter de pareilles thèses ? Le vent de la contre-révolution, qui, depuis 17 ans, dessèche la France, y flétrit toutes les pensées généreuses, toutes les généralités honnêtes, et n'y laisse germer que l'individualisme, l'intérêt exclusif, l'intérêt du moi, le plus misérable des intérêts.

Moi, Messieurs, je suis de ceux qui n'éprouvent ni haine, ni amour préconçus, pour telle ou telle forme de gouvernement. Je ne les estime qu'en raison du bien ou du mal qu'elles produisent. Que mon pays soit libre, heureux et respecté sous un gouvernement fort et national ; que sa liberté, sa prospérité et son honneur aient de solides garanties de durée, et peu m'importe qu'il doive ces bienfaits à la monarchie ou à la république. Je m'incline, tout le monde doit s'incliner devant la volonté du pays. (Très-bien, très-bien.)

Mais, cette liberté, cette prospérité, cette dignité, qui, à mes yeux, constituent la véritable, la seule légitimité des gouvernements, les avez-vous ? Non. Pouvez-vous les conquérir légalement, paisiblement ? Oui. Par quels moyens ? Il n'en existe qu'un : la réforme électorale et parlementaire. Et voilà pourquoi, les bénéficiaires de la révolution de Juillet, les hommes du privilége et de l'individualisme se révoltent quand nous demandons la réforme.

Voilà pourquoi ils proclament la monarchie en péril, quand leurs usurpations, leur avidité, leur orgueil et leur lâcheté sont seuls menacés. (Bravos, bravos.)

Ne dirait-on pas, en lisant les journaux ministériels, que les niveleurs, les massues, les échafauds sont à nos portes ; que l'anarchie promène des pensées de dévastation et de sang autour de nos demeures ; qu'elle a déjà marqué ses victimes, parce que d'honnêtes, de paisibles citoyens se réunissent paisiblement, honnêtement pour revendiquer leur droit et protester contre une corruption sans terme et sans mesure ? Messieurs, cette tactique, qui n'a même pas pour elle le mérite de la nouveauté, ne vous parait-elle pas profondément misérable, insultante pour la raison humaine ? (Oui, oui.)

Imprudens, vous dites, vous proclamez que les coups dirigés contre l'arbitraire et la corruption tombent sur la monarchie ! Mais ne craignez-vous pas que cette sottise, répétée avec assurance, inculquée avec emphase, ne conduise à cette conséquence : qu'arbitraire, corruption et

monarchie sont une seule et même chose? Par respect pour la monarchie, séparez-donc votre individualité d'un principe qui, en lui-
même, n'a rien de commun avec elle; ne l'entraînez pas dans votre
chute, et décidez-vous à tomber seuls.

Messieurs, une révolution est une heure suprême que la providence
accorde de loin, en loin, aux nations opprimées, pour se régénérer, mais
il y a des abîmes au bout des révolutions, et vous en savez quelque chose. Il faut donc éviter les révolutions à notre pays, et, pour cela, conquérir une large, sincère et efficace réforme électorale et parlementaire.
(Assentiment).

Ici, messieurs, une pensée me frappe et m'arrête. Il y a
dix-sept ans, une grande révolution et une grande réforme eurent
lieu presque simultanément. La révolution se fit en France; regardez
autour de vous, et voyez ce qu'elle vous a donné. La réforme s'opéra
en Angleterre. Savez-vous ce que l'Angleterre y gagna? La ruine du
vieil édifice britannique, de l'édifice féodal, qui fut miné par sa base, et
dont il ne survit plus que des débris que la réforme extirpe chaque
jour. Tandis que la France de 1830 ne savait que reprendre l'œuvre de 1814, sa charte, ses principes, ses hommes, tout, moins
une dynastie, la réforme britannique, creusait, profondément
autour de l'arbre des abus et des iniquités. Elle se traduisait et
se traduit encore en redressements positifs, en améliorations socia-
les et politiques. Elle abolissait l'esclavage dans les colonies; elle
introduisait une large réforme judiciaire, civile et criminelle, elle
détruisait les priviléges de 86 bourgs-pourris élisant 142 membres de
la chambre des communes; elle augmentait de 400,000 électeurs le
corps électoral, et de 66 députés la représentation nationale; elle
créait 42 nouveaux colléges électoraux, c'est-à-dire qu'elle inves-
tissait du droit d'élire 42 localités qui en étaient dépouillées; elle abolissait 2,000 emplois inutiles au service public; elle réduisait tous les
émolumens excédant 25,000 fr. par an; elle refondait les juridictions
locales, les juridictions ecclésiastiques, la juridiction de la chambre
des pairs comme cour de justice; elle réformait les corporations en
Ecosse; elle donnait une autre destination aux revenus de l'église d'Ir-
lande; elle reduisait le nombre des évêchés; elle agrandissait, épu-
rait l'institution du jury; elle abolissait le monopole du commerce avec
la Chine; elle refondait la charte de la compagnie des Indes; elle introduisait le principe de la liberté du commerce; enfin, et c'est là son
irrémissible crime, aux yeux des orivores, elle réduisait de 152 millions de francs les dépenses annuelles, et par conséquent les impôts.
(Profonde sensation, applaudissemens.)

Ces exemples sont sous les yeux des conservateurs doctrinaires,
et voilà pourquoi ils se dressent, furieux, pantelants contre la réforme; ils ne veulent pas être réformés. (Rires et bravos.)

Eh bien, Messieurs, je vous le demande, les réformes britanniques,
que je viens d'esquisser si imparfaitement, ont-elles ébranlé la royauté
anglaise? Le trône de la reine Victoria s'est-il brisé en éclats, parce
que la réforme électorale et parlementaire a porté la hache à la racine
d'abus séculaires; parcequ'elle a, en partie, purifiéce grand royaume des
souillures des priviléges, du népotisme et de la corruption? Je dis moi,
et vous direz avec moi, que la réforme a, au contraire, rafermi le trône
britannique. Il n'y a que la vérité de redoutable, le faux est impuissant,
et je ne connais aucun gouvernement que le mensonge ait tué. Cela
est si évident qu'il serait puéril de chercher à le prouver. Demandons
la réforme, Messieurs, demandons-là sans cesse, comme satisfaction de
nos imprescriptibles droits, comme première condition de sécurité pour

un gouvernement national; de repos, de prospérité et d'honneur pour le peuple.

Messieurs, vous venez de porter un toast à la liberté de la presse. Vous avez eu raison, car cette liberté étaye toutes les autres. C'est la liberté de la presse qui donne du ressort à l'esprit humain, de la fierté à l'âme, de l'énergie au langage, de la dignité à la société; elle seule atteste la vie politique des nations. Quoiqu'en disent ses détracteurs, elle tourne toujours au profit des gouvernemens nationaux, quelle que soit leur dénomination; car il est de son essence d'agrandir l'intelligence et de faire régner la raison et la justice sur les débris des théories divergentes et des factions ennemies (c'est vrai, c'est vrai.) L'esprit humain ne devient factieux que lorsqu'on veut l'étouffer, et les gouvernemens assez faibles pour voir une conspiration dans chaque mouvement de la pensée, sont des gouvernemens condamnés à mourir. (Oui, oui,). Aussi voyez comme les hommes de la contre-révolution tremblent et frémissent chaque fois que la France respire haut par les poumons de la presse (Bravos.). Voyez de combien d'antipathies et de haines ils la poursuivent. Des ministres nés d'elle ont conjuré sa perte, et, mutilée par tous, trahie par tous, elle n'a grandi que dans l'amour du peuple (oui, oui,). Mais aimée du peuple, de nous tous, qui sommes le peuple, elle ne périra pas! (non, non,). Sans la liberté de la presse, les formes constitutionnelles les mieux pondérées ne sont que des mensonges. En voulez-vous la preuve? Lorsque la reine Marie faisait juger les hérétiques par des conseils de guerre, lorsqu'Élisabeth faisait attacher au pilori et couper les oreilles à un écrivain qui s'était permis de trouver que S. M. n'était pas belle, l'Angleterre avait aussi une charte, une chambre des communes et une chambre des pairs, mais elle n'avait point la liberté de la presse, et nul ne pouvait penser tout haut sans avoir pris patente pour cela. (profonde sensation.)

Messieurs, supposez, je vous en supplie, que les énormités qui contristent aujourd'hui la France, pussent se commettre dans les ténèbres, sans contrôle, avec impunité, et demandez-vous à quel degré d'abjection, à quel abyme sans fonds, ne vous conduirait pas cet esprit d'orgueil, d'intérêt de propriété et de honteuse ambition qui s'appelle aujourd'hui l'esprit conservateur. Ce qu'il veut conserver, vous le savez de reste, (bravos, bravos.)

Messieurs, on ne saurait parler de la liberté de la presse sans parler de l'indépendance du jury. L'une ne peut exister sans l'autre, et je vous propose, en terminant un toast au jury du Pas-de-Calais qui, pour l'honneur de notre pays, personnifie, conserve et perpétue les traditions d'indépendance de cette grande et salutaire institution. Oui, honneur au jury du Pas-de-Calais qui, pensant avec raison, que dès que la politique envahit la justice, tout est perdu, a acquitté vingt-huit fois de suite le *Progrès du Pas-de-Calais*, et n'a point voulu que ce patriotique journal épuisât éternellement ses forces et sa vie dans des préoccupations et des luttes de parquet. En cela le jury du Pas-de-Calais a donné un courageux exemple au reste de la France. (Applaudissements prolongés.)

Messieurs, un mot encore et je finis. Il y a vingt-quatre ans, un échafaud était dressé sur une place de Béthune, à quelques pas d'ici, un condamné politique y était exécuté en effigie. Quel était ce condamné? De quoi l'accusait-on? Ce condamné, c'était Frédéric Degeorge, qui est là, au milieu de nous, et qui écoute avec son indulgente bonté, la voix un peu éteinte d'un ami de trente ans ? (Sensation profonde.)

Qu'avait-il fait, ce brave garçon dont on exécutait l'effigie, faute de mieux ? Il avait conspiré, combattu et souffert pour la liberté de son pays ; pour cette liberté menteuse qui triompha en 1830, et qui, par reconnaissance, lui a intenté depuis, vingt-huit procès. (Bravos unanimes ; M. Degeorge est entouré, et le nom de Degeorge, de vive Degeorge ! est affectueusement répété.)

Messieurs, que l'échafaud de Béthune, dont l'ombre se projette jusqu'ici soit pour nous tous, un salutaire enseignement. Au jury du Pas-de-Calais ! (Triple salve d'applaudissemens.)

M. LABELONIE, pharmacien, membre du comité central des électeurs de Paris, répond au toast porté à ce comité.

En prenant l'initiative du mouvement réformiste, le comité central des électeurs de la Seine, dont je suis le faible organe, n'a eu qu'un seul mérite, c'est de ne pas désespérer de l'avenir en présence des dernières élections générales, si désastreuses pour les amis de la liberté, d'en avoir apprécié la cause et d'avoir eu foi dans la véritable opinion du pays.

Il a toujours pensé que si des hommes avaient pu se laisser séduire, si quelques localités avaient été entraînées par les moyens de corruption dont le pouvoir dispose et dont les vices de la loi actuelle lui permettent de faire un abus si scandaleux, la majorité de la nation est demeurée pure de toute souillure et toujours dévouée aux grands principes de liberté et d'égalité proclamés par nos pères. (C'est vrai.)

Les imposantes manifestations réformistes qui se succèdent chaque jour, et les adhésions des hommes les plus éminents et les plus éclairés, lui prouvent, qu'en demandant la réforme, il a été le véritable interprète du sentiment universel. Il lui est surtout permis de citer avec orgueil, et comme une consécration de ses efforts, le vote récent du conseil général de la Seine, présidé par une des gloires les plus pures de notre pays, l'illustre Arago, qui dans la séance du 12 courant a émis un vote favorable à la réforme, sur le rapport d'un membre du comité central, à l'imposante majorité de 25 voix contre 10. (Applaudissemens).

C'est en effet attaquer le mal dans sa source, car la vérité du gouvernement représentatif réside essentiellement dans une bonne loi d'élection.

Parmi ces manifestations, celle à laquelle j'assiste en ce moment est une des plus significatives. Elle a lieu dans un département, où nous avons eu des pertes nombreuses à déplorer et où le pouvoir, comptant sur le résultat de la dernière lutte électorale, espérait avoir détruit tout sentiment public, et, présidée par des députés qui sont le symbole vivant de la probité politique, elle a pour théâtre un arrondissement sur lequel tombe depuis longtemps la rosée des faveurs ministérielles. (C'est vrai, bravos, bravos !)

Vous avez voulu prouver que vous aussi, vous aviez foi dans l'avenir des nobles idées et que dans votre département si important et si éclairé la passion des intérêts matériels avait fait des ravages à la surface, mais que le cœur était inaccessible à toute corruption. (Oui, oui, applaudissemens.)

Mais il ne faut pas nous le dissimuler, quelque bonne que soit notre cause, ce n'est pas ainsi que vous l'ont dit avant moi des voix éloquentes, sans de grands et constants efforts que nous parviendrons à la faire triompher. Vous connaissez toute la ténacité de nos adversaires et c'est par notre union seule que nous pourrons vaincre toute résistance à la volonté légitime et pacifique du pays.

Unissons donc tous nos efforts et ne nous laissons pas entraîner par des divisions fâcheuses dont ils profiteraient seuls.'(Très bien).

C'est grâce à l'union constante qui a toujours régné, dans le comité central et dans les comités d'arrondissement de la Seine, que nous avons eu de si beaux succès à enregistrer, lorsque l'on éprouvait des échecs dans les colléges les plus renommés par leur patriotisme.

Ces comités étant composés d'électeurs appartenant à toutes les nuances de l'opposition, ceux-ci apprennent à s'apprécier, à se comprendre et à sacrifier tout sentiment personnel devant l'intérêt général.

Ce n'est que par l'organisation de comités semblables dans chaque arrondissement que nous pouvons neutraliser en partie les influences du pouvoir.

Nous avons le bon droit pour nous, et ce n'est pas de front qu'on essaie de nous combattre. (C'est vrai.)

Que disent en effet les adversaires de la réforme électorale et parlementaire ? Ils insistent sur l'inconvénient de modifier trop souvent une loi même défectueuse, et cet argument n'est pas neuf, car ils l'emploient depuis douze ans au moins, bien que depuis cette époque il ait singulièrement perdu de son à propos.

Un jour à nos manifestations réformistes ils opposent les railleries. Le lendemain ils font mine de s'en effrayer, mais aucun d'eux n'a entrepris jusqu'ici de nous démontrer les perfections de l'œuvre des législateurs de 1831.

Voix nombreuses : Ils ne le pourraient pas.

Qui peut dire en effet raisonnablement qu'une modification, même profonde, de la loi électorale, peut avoir dans ce moment le moindre inconvénient et qui pourrait en constater l'utilité ?

La véritable raison de cette opposition constante à toute réforme, vous la savez tous, c'est que le pouvoir a la conscience de l'antipathie profonde qu'il inspire au pays et qu'il sait que le jour où la nation pourrait exprimer librement son opinion, elle condamnerait cette politique réactionnaire et corruptrice au-dedans, cauteleuse et sans dignité au dehors qui nous a fait si souvent monter le rouge au front.

Peut-on en effet penser froidement à la longue série de hontes que nous avons eues à subir.

C'est en vain que nous croyons toujours en avoir vu le terme.

Je vous le demande, un gouvernement qui se croirait l'expression sincère de la majorité et qui serait animé du désir de consulter en toute chose l'intérêt du pays, n'appellerait-il pas de tous ses vœux la réforme électorale et parlementaire.

N'est-il pas évident en effet qu'elle fortifierait l'administration au lieu de l'affaiblir. Elle n'aurait plus alors à compter avec les députés de sa majorité, lorsqu'il s'agit de la nomination du plus petit fonctionnaire, ni à courber si souvent la tête devant leur toute puissance. (Très bien, très bien.)

Il ne faut pas en effet pour être aujourd'hui réformiste, appartenir à telle ou telle opinion, il suffit de vouloir la réalité du gouvernement représentatif.

C'est ce que nous demandons, c'est ce que vous demandez tous, c'est ce que demandent avec nous tous les bons citoyens. (Vifs applaudissements).

M. DAVID, d'Angers, statuaire, membre de l'Institut :

A L'ENTIÈRE INDÉPENDANCE DES ARTS.

M. David est accueilli par de chaleureux applaudissements, il s'exprime ainsi :

L'art est une écriture claire et lisible pour tous les hommes, c'est lui qui conserve jusqu'aux âges les plus reculés les archives nationales des peuples, lui, qui révèle la place qu'occupaient les nations, glorieuses naguères, puis effacées, ensevelies dans la nuit des tems, lui enfin, qui expose à l'exécration des siècles les actes et l'image des tyrans.

L'art est donc une sorte de sacerdoce, il lui faut de toute nécessité la bienfaisante protection de la liberté, les artistes doivent comprendre la haute mission qu'ils sont appelés à remplir en songeant à la presqu'éternité des matières employées par eux, eux les archivistes du passé et de l'avenir, mais il ne leur suffit pas d'en avoir la conviction intime, il leur faut la liberté complète de leurs inspirations et qu'un gouvernement ombrageux ne vienne pas les paralyser s'ils veulent stigmatiser les bourreaux de l'héroïque Pologne, de l'Italie, cette sœur de la France, de la brave Helvétie, ou glorifier leurs martyrs. (Bien, très bien.)

Citoyens ! notre patrie a prouvé avec une mâle énergie et en 89 et en 1830 qu'elle voulait conquérir les droits de liberté, d'égalité et de fraternité, non seulement pour elle, mais pour tous les peuples de la terre. Que sont devenus ces droits si chèrement acquis ? vous le savez comme moi, hélas. Eh bien, par toute la France s'élève un cri unanime de réforme comme un palliatif à tant de maux. Oui, il nous faut une réforme électorale, il faut que nos députés soient nommés par la nation et non par une minime portion de cette grande famille, il faut des hommes indépendans, songeant aux intérêts du pays non aux leurs, et sacrifiant tout pour voir replacer notre France, si puissante, si glorieuse sous nos pères, au rang qu'elle n'a cessé de mériter à la tête de la civilisation. (Oui, oui.) Oui, il faut que les artistes cessent d'être contraints sous peine d'oubli (trop souvent sous peine d'affreuse détresse) d'aller quêter l'appui d'un député pour obtenir la permission d'inscrire les productions de leur génie sur nos monuments nationaux; ils sentent bien, n'en doutez pas, qu'en travaillant pour la nation ils ne lui doivent offrir que des œuvres dignes d'elle ; ne consacrer leurs inspirations qu'aux grands exemples faits pour moraliser, pour éveiller enfin tous ses nobles sentiments ! Noble et sainte tâche, citoyens ! mais que peut on exiger d'Historiens forcés de mendier près du pouvoir, l'autorisation d'écrire ?.... (Très bien, très bien, applaudissements.)

M. Boulanger, ancien procureur du roi près le tribunal de Saint-Pol, juge au tribunal civil de Valenciennes, membre du conseil général du Nord :

A M. Piéron, député de l'arrondissement de St-Pol.

Messieurs,

L'heure s'avance et vous presse..... Toutefois, avant de vous séparer, il y aurait ingratitude à ne pas porter une santé qui doit vous êtes chère : au digne président de votre commission, notre ami à tous, à M. Piéron ! (Bravo, bravo.)

Président du collége électoral de St-Pol, j'ai eu l'honneur, en cette qualité, il y a déjà près de quinze ans, de le proclamer député pour la première fois. A ce titre, il m'appartient peut-être de vous dire combien l'opposition du Pas-de-Calais doit être fière du *seul* représentant qu'elle ait à la chambre.

Quel autre plus que lui a montré, dans ses fonctions législatives, cette sincérité, cette pureté, cette constance dans ses opinions, ce désintéressement, qui constituent les principales qualités d'un bon député, d'un fidèle défenseur des intérêts du peuple, et des libertés publiques ? (Bien, très bien.)

Honneur donc à M. Piéron, puisse l'opposition dans le Pas-de-Calais, retrempant son énergie au contact de ce banquet patriotique, se relever enfin de ses défaites, et envoyer désormais à la chambre tous hommes qui, comme le député de St-Pol, probes, fermes, désintéressés, contribueront à assurer le triomphe de la réforme ; de la réforme, Messieurs, qui seule peut délivrer notre pays du système de corruption qui lui fait honte. (Oui, oui.)

Honneur, honneur encore à M. Piéron, au digne représentant de l'arrondissement de St-Pol. (Vifs applaudissemens, adhésion générale.)

M. Piéron, conseiller à la cour royale de Douai , député du Pas-de-Calais , est accueilli par une double salve d'applaudissemens ; il s'exprime en ces termes :

Messieurs et chers concitoyens,

La haute marque d'estime et d'affection que vous voulez bien me donner, en ce moment, m'est bien précieuse ; c'est la récompense la plus douce que je pouvais ambitionner, pour prix de la constance et tout à la fois, de la modération et de la fermeté de mes opinions politiques (bien, très bien.)

Permettez-moi, messieurs, de vous offrir l'hommage de ma vive et profonde gratitude.

Par suite de ces manœuvres honteuses contre lesquelles vous protestez courageusement, dans cette solennelle et imposante réunion, je me trouve être, en effet, malheureusement, le seul député du Pas-de-Calais, qui représente à la chambre, les idées et les principes de l'opposition constitutionnelle.

Ce résultat, Messieurs, est la preuve la plus évidente pour vous tous, de la nécessité de la réforme électorale, car rien n'est plus vrai que la prédominance dans notre beau département, des idées généreuses et libérales, des sentimens d'abnégation sur l'égoïsme froid et les dissolvantes préoccupations des intérêts matériels. Non, messieurs, le patriotisme n'est point éteint dans vos cœurs (non, non), et cependant, voyez où nous en sommes.

Combien il a fallu qu'elle fut pernicieuse et fatale, l'action du ministère actuel sur nos mœurs publiques, pour avoir altéré à ce point, ce qui fait le fond du caractère des habitans de ce pays, je dirai même de la nature artésienne, l'honneur, la loyauté, l'indépendance.

Il a sourdement, peu à peu, un à un, attaqué chez les électeurs, par ses agens officiels et secrets, tous les sentimens purs et honnêtes. Ces sentimens il les a minés par la séduction de ses faveurs. (C'est vrai, c'est vrai.)

Faisant marchandise de l'influence qui lui est donnée pour le service et le bien de l'état, il l'a échangé contre la conscience politique des citoyens : promesses, places, titres honorifiques, il a tout prodigué ; même la décoration, ce signe de l'honneur qui se donne, comme l'a dit quelque part l'illustre orateur.... (bravos, bravos. Interruption.) en échange de l'honneur même, et comme si ce n'était pas assez de la faiblesse de ceux qui aspirent à ses faveurs, il n'a pas épargné aux hommes placés sous sa dépendance, les menaces, les destitutions, toutes les brutalités de la force qui se substitue au droit et à la conscience publique. (C'est vrai, c'est vrai.)

Il procède ainsi par voie de corruption, pour se former une majorité, sans tenir compte des formelles prescriptions de la loi. J'ai dit corruption, messieurs, et c'est bien ce mot qui doit être appliqué à une action gouvernementale dont les effets sont de provoquer l'oubli du devoir, l'abandon du droit, l'aliénation de la conviction, ce qu'il y a de plus saint et de plus inaliénable au monde, pour la satisfaction des passions les plus viles, l'amour de soi et la cupidité qui en dérive. (Applaudissemens).

C'est l'immoralité, c'est la trahison de la patrie, réduites en principes, formulées en théorie (Bravos, bravos.)

N'est-ce donc là, je vous le demande, messieurs, qu'un simple abus des influences ?

Je dis, messieurs, qu'aux yeux de la loi pénale, c'est un acte qui doit appeler sur ses auteurs, les rigueurs de la justice. (Oui, oui, très bien.)

Vous parlerai-je maintenant, de tous les scandales dont nous avons été les témoins, dans ces derniers temps ; de l'oubli du devoir et de la conscience chez des fonctionnaires haut placés; de la dégradation prononcée contre ces grands coupables ? N'est-ce pas, je vous le demande, le signe dont est marquée cette triste époque de décadence morale, le stigmate indélébile de ce siècle transformé en siècle d'argent et de corruption ? (Profonde sensation.)

La Charte avait été placée sous la protection de la garde nationale, de cette tutélaire institution, de cette milice citoyenne, armée pour la défense de nos droits, qu'en a-t-on fait ? On la laissée dans nos départements, périr d'épuisement et là où elle a encore quelque signe de vie, on la dissout et malgré les prescriptions de la loi, au mépris du vœu de la France, on s'obstine à ne point la réorganiser. (Très bien.)

Le jury est altéré dans son essence, et la sécurité qu'il inspirait, s'est évanouie. Le pays tout entier, messieurs, est mis en état de suspicion ! (Très bien.)

Les titres nobilaires reparaissent et s'étalent ; nos ministres se qualifient d'excellence ; un maréchalat-général est créé au mépris de nos lois ; l'aristocratie se reconstruit au grand jour. (Très bien, très bien).

Croyez-vous, messieurs, que la marche suivie par le gouvernement, nous conduise dans la voie rationnelle et conséquente des idées démocratiques, c'est-à-dire, dans les développements logiques des institutions conquises en 1789 et en 1830 et puisse assurer la liberté consacrée par ce grand mouvement national ? Non, messieurs, cette réaction contre les efforts de nos pères et de nous-mêmes ; c'est une déplorable tentative de retour vers un passé maudit ; c'est une véritable entreprise de restauration d'un ordre de choses politiques dont l'écroulement cependant a été si terrible ; c'est en un mot, l'hypocrisie de la liberté sous le masque du gouvernement représentatif. (Bravos, bravos.)

Et cependant, c'est ainsi que le ministère marche à reculons, dans ces conséquences de la souveraineté nationale proclamée en 1830 ; c'est ainsi qu'il menace nos institutions d'une affreuse catastrophe, et lorsque le pays contient à peine son indignation, la majorité parlementaire n'a pas craint de se déclarer satisfaite ! (Applaudissemens.)

En présence de ces conditions qui nous sont faites, je n'hésite pas à le proclamer. Je ne reconnais point cette charte-vérité qui nous était promise et le gouvernement représentatif, à la honte des hommes qui s'efforcent de le dénaturer, n'aboutit qu'à un mensonge. (Bravos.)

C'est parce que j'ai invariablement soutenu à la chambre, les principes constitutionnels et la dignité nationale trop méconnue ; c'est parce que j'ai toujours lutté contre les empiétements du pouvoir et défendu les libertés publiques, que Messieurs les électeurs de l'arrondissement de St-Pol m'ont, depuis 14 ans, continué leur confiance. Permettez-moi, Messieurs, de les remercier ici ; je compte sur eux, pour m'affermir dans la lutte ; ils peuvent aussi compter sur moi, pour porter leur drapeau. (Triple salve d'applaudissemens, M. Piéron reçoit des témoignages d'affection du nombreux auditoire qu'à enthousiasmé ses patriotiques et chaleureuses paroles.)

M. Chabet, avocat, à Béthune :

À M. BARTHIER, PROPRIÉTAIRE DU CHATEAU D'ANNEZIN.

Messieurs,

Je crois être l'interprète de tous ceux qui assistent à ce banquet en venant apporter ici un témoignage public de reconnaissance à M. Barthier. (Oui ! oui !) Grâce à lui nous avons pu trouver un lieu convenable pour cette grande et imposante réunion.

Grâce à son patriotisme et à son dévouement, le château d'Annezin a été pour le département du Pas-de-Calais ce que le Château Rouge a été pour la France un asile où tous les hommes honnêtes ont pu se réunir, une tribune du haut de laquelle ils ont pu protester.

M. Barthier étranger naturalisé a largement payé sa dette à sa nouvelle patrie. Nous ne pouvons mieux lui payer la nôtre qu'en le priant de recevoir nos remerciemens. Honneur à lui ! (Applaudissements.)

M. Barthier, propriétaire à Annezin, répond au toast de M. Chabet.

Que puis-je dire, Messieurs, après les éloquents orateurs que vous venez d'entendre, sinon que c'est chose étrange, dans un pays libre, que le fait très simple de prêter un local pour un banquet comme celui-ci, est presque réputé une action courageuse. (Bien, très bien.) Un pareil banquet déplait beaucoup aux ministres et à leurs subordonnés. Ce n'est pas par crainte qu'il ne trouble l'ordre ou ne fasse sauter un magasin de poudre. (Rires et bravos.) Mais évidemment c'est parce qu'ils craignent la manifestation de l'opinion publique sur leurs actes, sur l'imperfection de la loi électorale et d'autres dont ils abusent. (C'est cela.) C'est qu'ils craignent de voir divulger de dures vérités sur leur compte. (Oui, oui, bravos.) Mais il y a pour eux un moyen de ne pas craindre les investigations : c'est d'abandonner et de flétrir l'odieux système que nous subissons, qui corrompt tout, qui démoralise tout. C'est d'y substituer un système de sincérité, de moralité et de dignité. Alors loin de repousser la manifestation de l'opinion publique sur leurs actes, sur leur conduite, ils seront intéressés à la rechercher, à la provoquer pour entendre proclamer leur éloge. (Rires et bravos.)

Et alors aussi je prêterai ces salons pour y chanter leurs louanges comme je les prête aujourd'hui pour les flétrir. (Applaudissements.)

Quand vous voudrez y revenir, Messieurs, pour une nouvelle proclamation de blâmes ou d'éloges, selon les circonstances, je vous recevrai avec beaucoup de plaisir comme je vous ai reçus aujourd'hui. (Bravos et applaudissements.)

Ceux qui ne l'on pas vu, se feront difficilement une idée de l'enthousiasme excité par ces discours, qui tous respiraient l'amour de la patrie, de sa gloire, de la liberté, la haine de la corruption et des corrupteurs. Ceux qui ont entendu ces discours, garderont long-temps le souvenir des *bravos* et des acclamations qu'ils soulevèrent, et certainement, ils feront partager à leurs concitoyens, l'émotion profonde qu'ils ont excitée en eux.

L'heure était venue de se séparer. Chacun alla saluer l'hôte généreux qui avait donné l'hospitalité à la pensée réformiste, et lorsqu'il s'écria : « Messieurs, je ne vous dis pas adieu, mais au revoir ! » Une dernière acclamation, unanime, immense, retentit de toutes parts, et l'écho se chargea de la porter jusqu'aux autorités de Béthune, pour qu'ils pussent redire au gouvernement que, malgré ses persécutions, la voix de la vérité et de la justice trouverait toujours un asile pour se faire entendre.

Le cortège du matin se reforma ; l'orchestre joua encore les chants de la Marseillaise et de Charles VI, qu'il n'avait cessé de faire entendre pendant le banquet ; des torches illuminaient les ténèbres, et tous les convives se rendirent dans l'ordre le plus parfait , jusqu'aux portes de Béthune, où l'hymne Marseillais, qu'ils avaient entonné, cessa de se faire entendre, pour que la légalité la plus scrupuleuse fut respectée jusqu'au bout, même dans ses plus misérables prescriptions.

Telle a été cette journée, dont notre département doit être heureux et fier, et qui dira à la France entière que les dernières élections, qui ne nous ont laissé qu'un seul député de l'opposition, M. Piéron, élu par le collége de St-Pol, n'ont cependant altéré en rien le patriotisme du Pas-de-Calais.

Et maintenant, à l'œuvre ! il ne faut pas que la grande manifestation d'Annezin ne soit qu'une vaine démonstration ; il faut qu'elle porte ses fruits, et que chaque citoyen devienne un ardent propagateur des idées émises au banquet d'Annezin, un ouvrier de la première heure , pour aider par ses efforts à obtenir la *réforme électorale et parlementaire.*

(Extrait du *Progrès,* des 16 et 18 novembre 1847.)

Imp. et Lith. de Mme Ve DEGEORGE, à Arras.

Vue de la Place et du Beffroi de Béthune.